Das bin ja ich!

Ein Leben im Zeitalter
des Rasenden Stillstands
Ein Schreib- und Buchprojekt
mit Schülerinnen und Schülern
der Albrecht-Thaer-Schule BBS III Celle

Herausgegeben von
Holger Küls
Rieke Siemon
und Alfred Büngen

Das bin ja ich!
Ein Leben im Zeitalter
des Rasenden Stillstands
Ein Schreib- und Buchprojekt
mit Schülerinnen und Schülern
der Albrecht-Thaer-Schule BBS III Celle

Herausgegeben von
Holger Küls
Rieke Siemon
und Alfred Büngen
Geest-Verlag 2023

ISBN 978-3-86685-994-4

© 2023 Geest, Visbek
Verlag: Geest-Verlag
Marienburger Straße 10
49429 Visbek
Tel. 04445 3895913
www.geest-verlag.de

Druck: Geest-Verlag
Alle Rechte vorbehalten

Printed in Germany

Einleitung
Schreiben als ein Versuch, zu sich selbst zu finden

Ganz besondere Ergebnisse eines Projekts, das wir mit Schülerinnen und Schülern der Albrecht-Thaer-Schule BBS III Celle durchgeführt haben, liegen nun vor Ihnen. Der Startpunkt der gemeinsamen Arbeit war die Beteiligung von Autoren und Autorinnen des Verlags an einer Ausstellung des BBK Celle zur Thematik des ‚Rasenden Stillstands'. Der französische Philosoph Paul Virilio prägte diesen Begriff im Rahmen seiner Theorie von der Geschichte der Menschheit unter dem Gesichtspunkt der Beschleunigung.
In der Auseinandersetzung mit dem Rasenden Stillstand entstand das Interesse, sich über die Thematik auch mit älteren Schülern und Schülerinnen auszutauschen. Holger Küls, Rieke Siemon und Verlagsleiter Alfred Büngen entwickelten ein Konzept für ein Schreibprojekt und fanden in der Albrecht-Thaer-Schule BBS III Celle einen interessierten Projektpartner.
Schreibprojekte mit jungen Menschen sind für den Geest-Verlag ein wichtiger Teil der Verlagsarbeit. Die Projekte stehen dabei unter dem Vorzeichen des ‚Literarischen Schreibens'. Den jungen Schreiber*innen werden Themenstellungen aus ihrer Lebenssituation vorgegeben, zu denen sie ohne sprachliche und formale Eingrenzungen schreiben können. Ein solches ‚freies' literarisches Schreiben öffnet ihnen Räume, um zu ihrer eigenen Sprache, zu ihren eigenen Inhalten zu finden und diese zu gestalten, es ist die Basis, von der aus sie sich orientieren und ihren eigenen Standpunkt formulieren können. Sie bringen zur Sprache, wie es ihnen geht, wie sie sich fühlen, was sie denken, was die Situation mit

ihnen macht und wie sie damit umgehen. Sie selbst nehmen ihren Lern- und Entwicklungsprozess, also sich selbst sprachlich in die Hand. Sie selbst rücken in den Mittelpunkt des Schreibprozesses.

Schon diese kurzen Ausführungen verdeutlichen den Unterschied zum sogenannten kreativen Schreiben der meisten Schreibschulen und auch zur Methodik des Schreibunterrichts in Schulen. Es geht nicht um Einübung bestimmter Formen und Ausdrucksweisen, es geht um die Entdeckung des eigenen Denkens und Fühlens. Indem Menschen sich auf die Brücke des literarischen Schreibens begeben, fangen sie an, die passenden Antworten zu finden für das, was sie persönlich ausdrücken möchten. Und daraus wiederum entwickeln sie die passende Form. Dabei entdecken sie traditionelle und/oder entwickeln völlig neue Formen, entwickeln ihre Sprache.

So auch in diesem Projekt. Um auch praktisch dem schulischen Schreiben zu entkommen, verlegten wir den Schreibtag aus der Schule heraus. Dies hat sich auch in anderen Projekten bewährt, bringen andere Orte automatisch auch andere Arbeitsformen, anderes Arbeitsverhalten mit sich. Die evangelisch-lutherische Kirchengemeinde Westercelle bot, dafür sei ihr ganz herzlich gedankt, gute Arbeitsmöglichkeiten. Verteilt auf die verschiedenen Gebäudeteile gab es Schreibstationen, jeweils durch ein Plakat gekennzeichnet. Diese Schreibstationen finden Sie auch als Kapiteleinteilung in diesem Buch. Für Schülerinnen und Schüler gab es die Möglichkeit, sich zu einer dieser Schreibstationen zu gesellen und in Ruhe zu schreiben. Dazu hatten sie jeweils einen Schreibblock erhalten, auf dem noch einmal die verschiedenen Schreibstationen mit einer Arbeitsanweisung (auch die steht jeweils auf der Kapitelseite des Buches) enthalten waren.

Die Schülerinnen und Schüler nahmen das Schreibangebot problemlos an, orientierten sich oder suchten ganz andere eigene Schreiborte außerhalb der Schreibstationen. Holger Küls, Rieke Siemon und Alfred Büngen fungierten als Berater, vertieften inhaltliche und formale Anliegen im Gespräch mit den einzelnen Schülerinnen und Schülern.

Bewegend waren auch die beiden Lesesequenzen. Anfangs zögerlich, gab es dann immer mehr Beiträge von Schülern und Schülerinnen für ihre Mitschüler und Mitschülerinnen zu hören. Teilweise waren diese von einer solchen tiefen Emotionalität, dass sogar Tränen flossen. Jede Leserin, jeder Leser bekam für sein Lesen großen Zuspruch.

Die Texte der Schülerinnen und Schüler wanderten nach dem Schreibtag in den Verlag, einige Teilnehmende arbeiteten gar daheim weiter und schickten Texte nach. Im Verlag wurden die Texte digitalisiert und lektoriert. Dabei wurden nur eventuelle Rechtschreibfehler und unverständliche Ausdrucksstellen überabreitet. Die Texte blieben in ihrer Ursprünglichkeit und Offenheit enthalten.

Bewusst werden die Texte in diesem Buch nicht analysiert und kategorisiert. Sie sprechen für sich, besitzen eine wunderbare Offenheit und Direktheit. Und viele bieten ein erstaunliches literarisches Niveau. Man wünscht vielen Autorinnen und Autoren die Möglichkeit, weiter literarisch zu schreiben, denn sie haben uns allen etwas zu sagen.

In diesen Zeiten des ‚Rasenden Stillstands', dies merkt man den Texten dieses Schreibtags an, ist es wichtig, einen Moment der Ruhe und Reflexion zu finden, individuelle und gesellschaftliche Befindlichkeit zu überdenken, für sich und für andere.

Wir danken allen Schülerinnen und Schülern für diesen Schreibtag, für die Texte und das Buch. Die Texte bieten auch uns die Möglichkeit, die gesellschaftliche Entwicklung aus anderen Blickwinkeln zu sehen.

Danke an alle Verantwortlichen in der Schule, Christina Pitter (Abteilungsleitung), Bettine Wenau, Sylvia Bamberg-Pinfold, für ihre Unterstützung. Danke auch an das Schloss Celle für die Möglichkeit, an diesem besonderen Platz die Premiere des Buches feiern zu dürfen.

Die Herausgeber
Holger Küls
Rieke Siemon
Alfred Büngen

Kapitelverzeichnis

- 11 Leben ist Game
- 19 Sternschnuppen für dich
- 35 In einer Kiste
- 59 Happy Place
- 77 Rasend schnell bewegt sich die Zeit
- 105 Momente der Stille
- 137 Überfahren
- 151 Träume
- 159 Eine Welt ohne Internet
- 171 Die Welt steht still
- 179 Das macht mich besonders
- 191 Inhaltsverzeichnis
- 199 Autorenverzeichnis

Leben ist Game

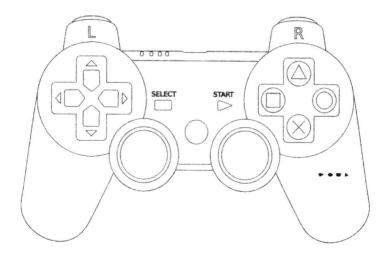

Dein Alltag ist ein Computerspiel. Wie funktioniert es? Wer gewinnt und warum?

Hannah Mannion
Irgendwann ist das Spiel vorbei

Es gewinnen immer die anderen. Keine Ahnung, wie das funktioniert. Menschen, die ich nicht mal kenne, haben die Kontrolle, und trotzdem spiele ich mit. Spielen ist wichtig. Spielen ist essenziell für die Weiterentwicklung. Aber will ich überhaupt spielen, wenn ich nicht entscheiden kann, wie das Spiel ausgeht?
Irgendwann kontrolliere ich das Spiel und sage, wo es langgeht. Und irgendwann ist das Spiel vorbei, und ich kann nicht mehr von vorne anfangen. Deswegen werde ich alles dafür tun, damit das Spiel das beste meines Lebens wird.

Pascal Streich
So funktioniert das Spiel

Das Spiel beginnt. Denkt man, doch zuerst muss man das Tutorial schaffen, um es in die Welt zu schaffen. Nun aber wirklich, das Tutorial ist geschafft, und nun kann das Spiel beginnen. Wie immer als Noob auf Level 0 und ohne Rüstung. Um die ersten XP zu sammeln, ist man erst mal auf die Hilfe von Mates angewiesen, welche Level 25 oder höher sind. Diese statten einen mit der ersten eigenen Rüstung aus und sorgen für die ersten XP-Boosts durch Nahrung und Hilfestellungen. Bald starten die Bosskapitel, welche alle dicht aufeinander folgen. Insgesamt gibt es drei Bosskapitel, das erste Kapitel ist der Kindergarten, das zweite ist die Schule, und allein nach den beiden Kapiteln ist man bereits Level 17-19. Das ist davon abhängig, auf welchem Schwierigkeitsgrad man die Kapitel spielt und wie oft man scheitert.

Doch nach den beiden Bosskapiteln kommt das größte Kapitel, und das nennt sich Arbeit, mit der Sidequest: Ausbildung. Für viele ist das der schwierigste Teil des Games, da man hier darauf achten muss, die richtigen Ingame-Entscheidungen zu treffen. Denn trifft man nicht die richtige Entscheidung, steigt der Schwierigkeitsgrad, und der Status Zufriedenheit sinkt rapide. In diesem Kapitel bleibt man meist bis zu Level 67 und ist damit ein wahrer OG und Tryhard.

Während des gesamten Games gibt es gewisse Sidequests, in welchen man einige Boni erhalten kann. So kann man zum Beispiel seinen eigenen Clan gründen, welcher einen 20 %-Boost auf den Status Zufriedenheit geben kann. Wenn man Level 67 erreicht hat, hat man den Hauptteil des Spiels durch und kann nun seinem Clan beim weiteren Wachstum zusehen und entspannt die letzten möglichen XP sammeln.

Tim Szymanski
Das System verstanden

Ein Leben, in dem man nicht altert, sondern levelt. So beginnt das Leben mit Level Null. Fähigkeiten, wie auf die Toilette gehen, wurden noch nicht erworben, und das Raiden fängt noch nicht an. Ab diesem Alter fängt das Smarten an. Sie leveln immer schneller, aber langsamer, je höher Sie kommen. Und es wird barbarischer, sobald Sie Level 7 erreichen und die Fähigkeit Camping entwickeln, diese erreicht ihr volles Potential, sobald Sie den Onlinestatus mit 13 erreichen. Dies wird jedoch mit dem neuen Patch durch das neu entwickelte ‚artificially based level system through human experiments' angepasst, denn so wollen das die OGs. Sie fragen sich sicher, wer die OGs sind, nun, dazu komme ich später, ich will hier nichts skippen.

Aber – bevor ich weitermache, sollten Sie vielleicht erfahren, wer ich bin und was das ganze überhaupt soll. Nun, ich bin E-Sportler, Pro-Gamer, jemand, der das System verstanden hat.

Florian Kunert
Wie ‚Sims' – aber schwieriger

Als ich mir die Frage durchgelesen habe, dachte ich an das Spiel ‚Sims'. Bei ‚Sims' kann man Charaktere steuern. Man spielt sozusagen das Leben dieser Charaktere. In diesem Spiel muss man auch Entscheidungen treffen, wie im richtigen Leben. Diese Entscheidungen können den Weg deines Lebens verändern. In ‚Sims' gibt es kein Gewinnen oder Verlieren. Man versucht, seine Charaktere so erfolgreich wie möglich zu machen. Im echten Leben versucht man auch erfolgreich zu sein, und gewinnen oder verlieren hängt von den eigenen Entscheidungen ab. Am Ende seines Lebens kann man ein Fazit von seinem Leben ziehen und selbst entscheiden, ob man gewonnen oder verloren hat, obwohl man im Leben wahrscheinlich immer Situationen hat, in denen man gewinnt oder verliert. ‚Sims' ist etwas einfacher als das echte Leben. Das Leben stellt einen immer vor Herausforderungen und Aufgaben, sonst wäre das Leben langweilig.

Sternschnuppen für dich

Hailie Jade Gurr

Du sitzt auf einer Rakete und fliegst ins Weltall. Um dich herum lauter Sternschnuppen mit Deinen Wünschen. Erzähle uns davon!

Manuela Marwede
Glaub an dich
Für meine Tochter

Rauch steigt auf
Ich steige auf
Immer weiter, hoch hinaus

So weit oben, ganz im Dunkeln
Da sehe ich ein Funkeln

Dieses Funkeln ist ein Stern
Will mir sagen: „Hab dich gern!
Glaub an dich, verzweifle nicht!"

Ich drehe mich um
Noch ein Licht
Dieses sagt: „Ich liebe dich!"

Kimberly Neumann
Viele Ziele

Gesund bleiben, eine eigene Familie gründen; am besten drei bis vier Kinder, mit Haustieren leben. Gesunde Familie. Erfolg und Glück im Beruf. Eigenes Haus bauen irgendwann.

Carola Steyer
Gereimte Sternschnuppen

Gesundheit und eine gute Zeit,
Frieden und niemals mehr Streit,
Freunde und keine Einsamkeit,
Viel Elan und keine Müdigkeit,
Eine Beziehung ohne Herzensleid,
Für jede Gelegenheit die passende Jahreszeit,
Genug zu essen und niemals Knappheit,
Die Schönheit entdecken in der Schlichtheit,
Arbeiten – am liebsten Vollzeit,
Verbannen – die viele Abartigkeit,
Einfach leben in Dankbarkeit
Und niemals vergessen die Fröhlichkeit!

Nina Dahl
Wunschgespräch im All

Alien: Na huch, wie kommst du denn hierher?
Ich: Ich bin mit einer Rakete hierher geflogen, um meine Wünsche mal von Nahem zu sehen.
Alien: Das ist ja mal eine Idee. Hast du so viele Wünsche, oder wieso fliegen hier so viele Sternschnuppen?
Ich: Eigentlich habe ich gar nicht so viele Wünsche, aber ich denke mal, hier fliegen von jedem Menschen auf der Welt die Wünsche.
Alien: Das ist auch eine schöne Idee. Also sag schon, war das dort vorne deine Sternschnuppe? Du wünschst dir doch keine Babypuppe, oder?
Ich: Nein, aber da vorne, die Sternschnuppe mit dem Wunsch, für immer gesund zu sein, ist mein Wunsch.
Alien: Ach, das wünsche ich mir auch. Was wünschst du dir denn noch?
Ich: Einen guten Job und einen Riesengarten mit vielen Tieren und ein kleines süßes Häuschen.
Alien: Das klingt schön, so was wünsche ich mir hier oben auch mal!
Ich: Aber wenn ich jetzt erst mal zeitnah dran denke, was ich mir wünsche, ist es, die Schule und mein Studium zu schaffen. Da habe ich sehr große Sorge drum, aber ich habe Gott sei Dank die Unterstützung meiner Familie.
Alien: Du musst daran glauben, dann schaffst du es, nicht immer zweifeln, dann ist es klar, dass du es nicht schaffst. Solange du daran glaubst, schaffst du alles!

Ich: Ich danke dir für deine tollen Worte. Ich muss jetzt langsam mal zurück, aber vorher, was sind denn deine Wünsche?
Alien: Das erzähle ich dir beim nächsten Mal. Du wirst bestimmt noch öfter kommen, denn jeder Mensch hat immer neue Wünsche in seinem Leben.
Ich: Na gut, pass gut auf alle Wünsche auf und lass sie in Erfüllung gehen, bis irgendwann!
Alien: Wir sehen uns!

Marie Niemann
Sternschnuppe mit Selbstgewissheit

Ich öffne meine Augen, ich sitze auf einer Rakete, welche ins Weltall fliegt. An mir vorbei ziehen ganz viele Sternschnuppen. Auf diesen leuchtenden und hellen Sternschnuppen sind alle meine größten Wünsche. Auf den ersten drei sind Abbildungen von meinen Kindern. Ich merke, wie sich meine Augen mit Tränen und Freude füllen. Ich werde das Leben haben, welches ich mir schon immer gewünscht habe.
Auf der linken Seite fliegt eine besonders leuchtende Sternschnuppe an mir vorbei. Es ist ein Hochzeitsfoto mit mir und einer atemberaubend hübschen Frau. Wir tragen beide ein riesengroßes Lächeln auf dem Gesicht und strahlen innere Ruhe und Zufriedenheit aus. Meine Selbstzweifel, dass niemand mich je hübsch finden oder lieben wird, sind Vergangenheit.
Ich habe eine wunderschöne und glückliche Familie. Erleichterung, Freude und Zufriedenheit tun sich auf.

Rico Staszewski
Die liebende Hand

Ich sitze vertikal
mit Blick in den Himmel gerichtet.
Ich drehe mich nach rechts
und werde kräftig geschüttelt.
Sie sieht mich an. Ich spüre meinen Herzschlag.
Auf ihrem Raumanzug steht Starship Mission.
Ich sehe nach vorn.
Der Himmel kommt immer näher.
Ich spüre die Gänsehaut auf meinem ganzen Körper.
Plötzlich wird es dunkel.
Als ich meine Augen öffne, spüre ich
unendliche Freude.
Ich schnalle mich ab und schwebe
völlig schwerelos zum Fenster.
Unsere Erde sieht wunderschön aus!
Sie ruft mich glücklich und deutet nach vorn
in den endlosen Sternenhimmel.
Sie nimmt meine Hand.
Es fühlt sich an, als wären alle meine Wünsche
in Erfüllung gegangen ...

Florian Kunert
Eine neue Zivilisation gründen?

Es ist das Jahr 2125. Ich bin mit meinem Team kurz davor, die ersten Menschen zu sein, die in eine fremde Galaxie fliegen. Es brauchte Jahrzehnte, um diesen Plan nun Wirklichkeit werden zu lassen. Selbst mein Vater war beteiligt, um diesen Plan zu vollenden. Nun ist es so weit.

Ich und mein Team sitzen in der Rakete, angeschnallt und aufgeregt. Der Timer erklingt: „Ten, nine …", dies könnten unsere letzten Sekunden auf der Erde sein, „three, two, one." Es wird laut, die Rakete beginnt zu starten. Wir sitzen aufgeregt auf unseren Sitzen und schauen aus dem Fenster, wie wir schnell die Atmosphäre der Erde verlassen. Es wird dunkler und kälter. Wir fliegen am Mond vorbei Richtung Milchstraße. Wir sehen Sterne und Sternschnuppen, die Licht in diese dunkle Leere bringen.

Meine Mutter erzählte mir immer, wenn ich eine Sternschnuppe sehen würde, hätte ich einen Wunsch frei. Mein größter Wunsch gerade wäre, diese Mission zu überleben und eine neue Erde zu finden, auf der Frieden und Gleichberechtigung das oberste Gesetz ist.

Wir nähern uns der Milchstraße. Jetzt wird es besonders gefährlich, vor der Milchstraße fliegen viele Kometen. Wir fliegen knapp an den Kometen vorbei. Die Rakete hat eine starke Panzerung, um Einschläge abzudämpfen, aber zu viele Einschläge kann diese Rakete auch nicht aushalten. Jeden Einschlag spüren wir am ganzen Körper. Wir bekommen Angst, fangen an zu schwitzen. War es das? Scheitert die Mission erneut?

Vor 15 Jahren war mein Vater bei der gleichen Mission beteiligt, sein Team und er sind verschollen – am gleichen Punkt, den wir jetzt erreichen.
Wir sind kurz davor, die andere Galaxie zu erreichen. Dann noch ein Einschlag mit lautem Knall. Es ertönt ein lautes Alarmgeräusch. In dem Moment treten wir in die Galaxie ein. Wir sehen andere Planeten und Sterne, doch unser Triebwerk fällt aus. Es wird dunkel, der Strom fällt aus. Wir steuern auf den fremden Planeten zu. Die Kommunikation zur Erde ist ebenfalls abgebrochen.
Wir können aufstehen, allen aus meinem Team geht es gut. Wir haben Ersatzteile dabei, um unsere Rakete zu reparieren. Zwei aus meinem Team gehen raus, um den Planeten zu erkunden. Wir versuchen, die Rakete zu reparieren. Der Planet ist sehr erdähnlich. Es gibt Pflanzen und Wasser. Wir wissen nicht, ob wir Luft haben, ausprobieren wollen wir es auch nicht.
Was tun wir jetzt? Versuchen wir, der Erde unseren Standort mitzuteilen? Oder sollen wir versuchen, eine neue Zivilisation zu gründen? Oder fliegen wir zurück zur Erde, sobald die Rakete repariert ist?

Ida Kosakowski
Vernunft in der Zukunft

Ich schaue in die Sterne,
ich würde gerne in die Ferne.
Die weite Welt sehen
und dieses Leben begehen.

Ein anderer Mensch sein
und nicht jeden Tag auf's Neue schreien.
Andererseits hätt ich gerne Reichtum,
dann könnte ich alles tun, vor allem mit Ruhm.

Ich schaue in die Sterne,
eine eigene Wohnung hätt ich gerne.
Ich wünsche mir die Zukunft,
vielleicht bringt sie mich zur Vernunft.

Die Zeit,
sie rennt,
mein Kopf,
der brennt.

Hannah Mannion
Vor allem Glück

Ich kann mir nichts wünschen, ich kann nur hoffen. All die Dinge, die ich mir wünschen würde, sind Privilegien: Gesundheit, Wohlstand, Liebe, Familie, Sicherheit. Wir leben in einem der reichsten Länder der Welt, haben gute Kranken- bzw. Gesundheitssysteme, eine Vielfalt an Berufen, und trotzdem gibt es so viele Menschen, die nichts haben.
Das, was ich mir wirklich wünsche, ist Glück. Glück, dass all die Privilegien auf mein Leben zutreffen werden und ich zufrieden bin mit allem, was ich tun darf.

Aileen Igelbrink
Anderer Menschen Leben bereichern

Ich habe viele kleine Sternschnuppen. Ich wünsche mir, dass meine Familie und ich zusammenbleiben, und dass unsere Verbindung so stark bleibt, wie sie ist. Außerdem will ich mein Leben so gestalten, dass ich das Leben von anderen entweder bereichert oder zum Positiven verändert habe. Ich möchte die Welt sehen und Menschen helfen, die es nicht so gut haben wie ich.

Jessika Strüh
Eine romantische Wirklichkeit

Das Weltall erleben zu dürfen, verbinden viele Menschen mit ganz romantischen Vorstellungen. Ich gehöre auch dazu. Ein Ort der Stille und Weite. Farbverläufen in angenehm anzuschauenden warmen Farben. Und als i-Tüpfelchen zwischen den sanft leuchtenden Sternen die Wunscherfüllersternschnuppen.

Vor ein paar Tagen hat mir jemand gesagt, dass er seine Wünsche bei dem Erblicken einer Sternschnuppe nur oft genug sagen müsste, und dann gingen sie auch in Erfüllung. Interessante Herangehensweise. Und eine wirklich sehr romantische Vorstellung. So werde ich auch versuchen, meine Wünsche mit einer großen Portion Romantik in Erfüllung gehen zu lassen.

Die ersten drei Wunscherfüllersternschnuppen gehen an meine drei Kinder. Ich wünsche ihnen, dass sie Entscheidungen für sich selbst nicht mehr infrage stellen brauchen nur weil sich jemand die Entscheidung erklären lassen möchte. Ihr drei seid großartig!

Meiner Freundin, die ich seit 30 Jahren an meiner Seite habe, darf die Sternschnuppe ihren sehnlichsten Wunsch erfüllen. Ich hoffe auch, dass Benjamin glücklich ist und bleibt. Weitere Sternschnuppen tragen Wünsche mit verschiedensten Ausmaßen. Sie sende ich an weitere Freunde und Familienmitglieder. Ich wünsche euch von Herzen, dass euer Leben so verläuft, wie ihr es leben wollt. Es ist schaffbar.

Für mich bleibt auch eine Wunscherfüllung – eine Sternschnuppe. Diesen Wunsch werde ich mir – wie vor ein paar Tagen gesagt wurde – oft genug wünschen. Und so wird er irgendwann eine romantische Wirklichkeit sein. Denn dem Gedanken folgt die Kraft.

E. S. Y.
Jeder Wunsch ist wichtig

Der Wunsch nach
Gesundheit
Der Wunsch nach
Glück
Der Wunsch nach
Liebe
Jeder Wunsch
ist wertvoll

Während meine Wünsche
um mich herum leuchten
betrachte ich
Sonne, Mond
und Sterne

Manuela Marwede
Voller Wärme
Für meinen Mann

Ich schwebe hier im Dunkeln
Fühle mich ganz verloren
Ich blicke mich um und sehe ein Licht
Ich schwebe hin und berühre es

In mir erglüht ein Funke
Wärme steigt in mir auf
Ich blicke mich um, ein weiteres Licht
Das Berühren des Lichts lässt den Funken
Zu einer kleinen Flamme werden
Und ich spüre, dass Wärme sich beginnt
Auf meinem Körper auszubreiten

Um mich herum erblicke ich immer mehr Lichter
Ich möchte sie alle berühren
Mit jeder Berührung eines Lichts
Wächst die Flamme in mir
Mit jeder Berührung eines Lichts
Verteilt sich die Wärme in meinem Körper mehr

Ich scheine – nein – ich strahle
Und ich bin voller Wärme
Nun ist es nicht mehr dunkel
Und ich bin nicht länger verloren

Tina Roth

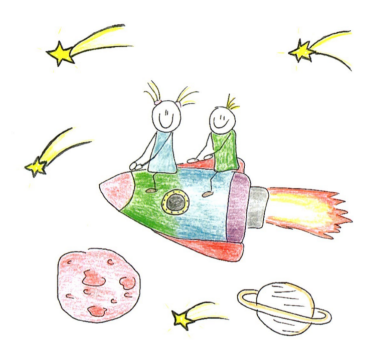

In einer Kiste

*Du sitzt in einer Kiste und etwas hämmert auf dich ein.
Was ist es?*

Lara Beckmann
Endlich Entfaltung

Ich bin in dieser Kiste, gefangen und einsam. Es ist dunkel, kalt und sehr unheimlich. Da ist etwas, das hämmert auf mich und diese Kiste, es wird immer lauter. Meine Angst und meine Panik steigen. Ich kann nicht flüchten, denn ich bin gefangen in dieser Kiste. In meinem Kopf spielen sich Szenarien ab, gruselige und grausige Szenarien, die mir zustoßen könnten, wenn das Außerhalb, das hämmernde Etwas, die Kiste durchbricht und mich findet. Immer größer werden meine Angst und meine Zweifel, heil aus der Kiste rauszukommen.

In meinem Gedankenkreis gefangen, merke ich nicht, wie ich erstarre und fast wie tot in der Kiste liege, gelähmt aus Angst vor dem, was da draußen lauert. Ich merke nicht, dass das Klopfen aufgehört hat und sich die Kiste langsam öffnet. Dort draußen lauern der Mut und die Lebensfreude, die versuchen, mir zu helfen. Doch ich bin so verängstigt und gelähmt, dass ich glaube, sie wollen mir noch etwas Schlechtes. Geprägt von Angst und Zweifeln klettere ich langsam aus der Kiste und beginne zusammen mit Mut und Lebensfreude, meinen Rettern aus der dunklen Zeit, endlich ein Leben zu führen. Denn nun bin ich nicht mehr gefangen und kann mich endlich entfalten – wenn auch langsam, doch endlich erfüllt.

Jessika Strüh
Lass mich mein Leben leben

Hey Du,
ja, ich meine Dich, Du unsichtbares, aber besitzergreifendes Gefühl. Ich möchte weitestgehend ohne Dich leben können. Hier in meiner Kiste. Doch Du hämmerst gern, immer mal wieder, mit einer anstrengenden Beharrlichkeit auf meine Kiste.
Die Kiste ist meine Welt. Und meine Welt wird durch Dein Hämmern durcheinandergerüttelt. Ich steh dadurch manchmal kopf. Unangenehmes Gefühl.
Geh doch Deiner Wege und lass mich mein Leben so gestalten, wie ich es für lebenswert halte.
Ohne dich kann ich Entscheidungen treffen!

Charleen Titz
Welch fürchterlicher Albtraum

Ich bin in einer Kiste und etwas hämmert auf mich ein. Was ist es nur, fragt ihr euch auch? Eingesperrt in diesem dunklen Raum, was ich nur glaub, denn eigentlich gefangen im eigenen Traum. Kein Plan, was wahr ist und was nicht, hören tue ich nur das Hämmern, schreie ganz laut, doch Töne kommen keine. Wer klopft da so laut, warum stecke ich in dieser Kiste? Endlich aufgewacht von diesem Traum, Augen auf und vor mir Mama, die mich versuchte zu wecken, sie selbst aufgewacht von meinem Schreien. Jetzt rettete sie mich aus dieser Kiste, was ich zu glauben schien, doch nur ein Albtraum war.

Lea-Marie Zenner
Selbsterkenntnis

Als ich meine Augen öffnete, war es stockduster. Mir war furchtbar kalt und ich bekam nur schlecht Luft. Sofort lief mir ein angsteinflößender Schauer über den Rücken. Wo bin ich? Ich traute mich fast nicht, aber ich beschloss, meinen taktilen Sinn zu nutzen, um dies herauszufinden.

Mit beklommenem Gefühl und zittrigen Händen begann ich, meine Umgebung zu ertasten. Wirklich weit kam ich nicht, denn ich stellte fest, es war unglaublich eng und beklemmend. Ich erschrak kurz. Die Wände um mich herum waren eisenkalt – im wahrsten Sinne des Wortes, da sie aus Eisen zu sein schienen. In ihnen gerade so ein paar kleine Löcher zum Atmen. Ein Gefühl von Panik überkam mich. Ich war gefangen. Gefangen in einer Kiste. Wie komme ich hier wieder raus? Komme ich überhaupt jemals wieder raus? Wie kam ich hier überhaupt hinein? Jemand musste mich entführt und eingesperrt haben.

Mit voller Wucht trat ich gegen die Kiste in der Hoffnung, sie sei doch nicht so stabil, wie sie sich anfühlte. Wie zu erwarten: Vergebens. Ich trat ein zweites Mal. Und ein drittes Mal. Und noch etwa zwanzig weitere Male. Jedoch ohne Erfolg.

„Niemals werde ich es schaffen, hier herauszukommen. Niemand wird mich finden und mir helfen. Wie lange überlebt man noch gleich ohne Wasser? Drei Tage, meine ich mal irgendwo gelesen zu haben. Drei bevorstehende Tage voller Angst, Qualen und Hilflosigkeit."

Auf einmal klopfte es fürchterlich laut gegen die Kiste. Mein Entführer? Ich erstarrte. Das Klopfen wurde immer lauter und intensiver. Doch irgendwie fühlte es sich so vertraut an. Als hätte ich es schon einmal gehört. Ich glaubte, einen Rhythmus zu erkennen. Na klar! Es war der Rhythmus eines Lieds. Der Rhythmus meines Lieblingslieds. Ohne darüber nachzudenken, fing ich an, die ersten Noten leise vor mich her zu summen. Der Rhythmus spielte noch lauter, und je lauter der Rhythmus wurde, desto mehr stieg ich mit ein. Ich empfand es als so harmonisch, dass ich die Kiste um mich herum völlig vergaß. Als der Refrain einsetzte, versuchte ich den Rhythmus mitzuklatschen. Plötzlich hörte ich ein klirrendes Geräusch. Etwas war hingefallen. Ein Schlüssel? Er war die ganze Zeit in meiner Hand? Und da bemerkte ich, dass ich es selbst war, die mich in die Kiste einsperrte.

N. N.
Eine tolle Kiste

Ich weiß es nicht, oder weiß ich es doch?
Ich versuche, es zu ignorieren – schwierig!
Ich laufe davor weg, ständig holt es mich ein.
Ich überlege, war es die richtige Entscheidung?
Ich fühle mich oft erdrückt, warum diese Gedanken?
Ich sollte anfangen, mich zu freuen.
Ich habe doch schon so viel geschafft!
Ich könnte stolz sein ...

Ich sollte die Bedenken überdenken.
Ich habe es doch selbst in der Hand.
Ich könnte mir die Kiste bunt anmalen.
Ich darf sie nach meinen eigenen Vorstellungen
                                                           verzieren.
Ich muss positive Energien sammeln.
Ich darf sie nicht mehr loslassen.
Ich habe eine tolle Kiste,
warum sollten Kisten etwas Schlechtes sein?

Celine Kühn
Das Karussell

Wie ein gefangener Wal, ich komme nicht weg. Mein tägliches Geschwimme im Kreis, mein Alltag, dem ich zu entkommen versuche. Wo ich weiß, es ist so viel mehr da draußen. Ich habe keinen Platz, um mich zu entfalten in meinem kleinen Käfig namens Leben. Seine Mauern bestehend aus Arbeit und Zwängen.
Ich versuche sie zu durchbrechen. Bei jedem Versuch kommen sie nur noch näher. Für die Freiheit muss ich noch hierbleiben. Meine Freiheit verdienen, nur noch ein paar Kreise ziehen, nur noch ein bisschen Energie sammeln, dann schaff ich's.

Es ist die schönste Zeit, sagen sie. Das Beste aus allem machen, sagen sie. Stell dich nicht so an, sagen sie. Also bleibe ich in meinem Gehege, bleibe gehorsam. Bleibe ruhig und still. Merke, wie ich immer mehr starr werde, bewege mich eisern und leblos. Die Kraft geht mit der Zeit immer mehr verloren.
Zwischendurch kommt ein Pfleger und belustigt mich. In der Zeit kann ich abschalten. Denke, so schlimm ist es hier gar nicht, könnte hierbleiben. Bis der Pfleger mich wieder einmal verlässt. Wieder schwimme ich meine viel zu kleinen Kreise, weil ich wieder mal allein bin, wieder mal nur mit mir und meinen Gedanken, die einfach nicht verstummen wollen.
Sie drehen ebenfalls ihre Runden, Runden um die Freiheit, Runden um das Glücklichsein. Sie sollen verstummen, ich kann sie nicht mehr hören. Sie tränken meinen grauen Käfig in Dunkelheit und lassen die Wände näher rücken. Mein

Inneres schreit, dass ich entkommen muss. Doch wie? Ich muss mich entscheiden: Alltag oder Ungewissheit? Die Zeit wird knapp, und doch weiß ich nicht, wie viel mir noch bleibt. Die Gedanken drehen sich wie in einem Karussell. Es dreht sich zu schnell, es kommt zu keinem Entschluss. Also drehe ich weiter meine Kreise, bis das Karussell zum Stehen kommt. Bis die, einst zu viele, Zeit vorbei ist …

Marie Niemann
Endlich befreit

Jahrelang lebte ich in einer Bubble, abgeschottet von der Realität. Diese Bubble, welche ich auch meine Kiste nenne, war jahrelang mein Rückzugsort und Safe Place. Sie hat mich geschützt in meinen schlimmsten Zeiten. In ihr habe ich versucht, aus der Realität zu flüchten und mir eine eigene Welt durch Handy, Musik und Bücher zu erschaffen.
Plötzlich höre ich ein Hämmern und frage mich, was es ist. Es ist das Hämmern der Realität, das Hämmern des Lebens, etwas, dem ich für so viele Jahre versucht habe, aus dem Weg zu gehen. Doch nun ist die Zeit gekommen, aus meinem Comfort Place auszubrechen und anzufangen zu leben, nicht mehr nur zu überleben. Es hämmert noch ein letztes Mal, dann ist die Kiste geöffnet und mein Leben beginnt.
Ich blicke mich um, die Kiste befindet sich auf einer wunderschönen grünen Wiese mit vielen Blumen. Ich spüre die warmen Sonnenstrahlen auf meinem Gesicht und merke etwas Warmes ganz tief in mir drin, etwas, das ich dachte, nie wieder spüren zu können, und etwas, das ich mein halbes Leben nicht mehr gespürt habe.
Dieses warme Gefühl ist Lebensfreude.
Ein riesiges Lächeln breitet sich in meinem Gesicht aus, und ich stehe auf und verlasse die Kiste. Die Kiste hat mir viel geholfen und mich beschützt, aber nun ist es Zeit, das Leben zu leben und zu genießen.
Ich lege mich auf die Wiese, schließe die Augen und genieße die Sonnenstrahlen auf meinem Gesicht und das Vogelgezwitscher in meinen Ohren.

Kimberly Neumann
Die Zeitkiste

Zeit ist Mangelware. Wo ist die Zeit hin, die ich für Hobbys, Schule, Arbeit, Familie, Freunde und für mich selbst brauche? Hab ich überhaupt noch für irgendwas Zeit? Ich bin in dieser Kiste gefangen.
Meine Oma sagt immer, ich mache zu viel. Hat sie damit recht? Oder mache ich so viel, um von zu Hause, dem Alltag und den Sorgen zu entfliehen? Die Schule verlangt viel, die Arbeit ebenfalls. Meine Hobbys machen mir Spaß – aufzuhören ist für mich keine Option. Und dabei mache ich schon nicht jede Veranstaltung mit.
Fernbeziehung, Freunde und Familie unter einen Hut zu bringen, ist nicht immer machbar. Ich bin dankbar dafür, dass dennoch all diese Personen zu mir stehen und mir zuhören, wenn ich sie mal brauche. Der Tag hat nur 24 Stunden. Viel zu kurz, um all diesen Personen und Dingen nachzugehen.
Die Zeit – sie ist nicht ausreichend.

Nina Dahl
Ein Zeichen für etwas?

Es ist dunkel und still. Ich höre meinen eigenen Atem und wie mein Herz immer lauter pocht. Ich merke, ich bin in einer Kiste gefangen. Plötzlich wird es laut, es hämmert. ‚Was ist das?', frage ich mich. Es ist so laut, dass ich meine Ohren zuhalte. Ich spüre meinen eigenen Körper nicht mehr, ich fühle mich, als würde nur meine Seele leben. Es wird immer lauter, es tut schon weh, was ist das? Ich merke, wie mich etwas packt und schüttelt, es wird immer doller. Ich reiße meine Augen auf und sehe sie vor mir stehen.

„Mama!" Sie weckte mich, ich merkte, wie das laute Hämmern aufhörte. Es war nur ein Traum. Ich beruhigte mich und dachte noch lange darüber nach, ob das ein Zeichen für etwas war. Vielleicht für meine Probleme ...?

Ramona Gumz
Die Zeit

Eine große Kiste in der Dunkelheit,
der Deckel steht weit offen, ich schaue einfach rein.
Ich kann so viel entdecken, ich setz mich schnell hinein.
Der Deckel fällt von oben in das Schloss hinein.
Es ist ganz hell und bunt, so viele Möglichkeiten!
Ich möchte alles sehen.
Doch plötzlich wird es laut. Ich kann es nicht verstehen.
Wer schlägt auf meine Kiste?
Ich laufe immer schneller, doch in der ganzen Hast
kann ich nichts mehr entdecken,
und Schönes wird zur Last.
Ich glaube es zu wissen, wer hier so lacht und kracht.
Die Zeit hängt mir im Nacken!
Sie macht hier diesen Krach.

Patricia Heiser
Die Komfortzone

Es fühlt sich so an, als wäre ich in einer Kiste. Ständig hämmert das eine nach dem anderen auf mich ein. Ich bin wie gefangen, trotzdem will ich nicht raus. Man fühlt sich einfach so wohl, weil man alleine ist, ohne irgendwelche Menschen, denen man denkt, gerecht werden zu müssen.
Ich bin schon seit Längerem in meiner Kiste, doch nichts ändert sich. Immer wieder kommen dieselben Probleme auf mich zu. Ich glaube, dass die Kiste mir nicht hilft. Klar fängt sie etwas vom Aufprall ab, aber sie löst die Probleme nicht. Man hat aber so große Angst, aus der Kiste zu gehen, weil man dann seine Komfortzone verlässt und nicht weiß, was kommt. Dadurch fühlt es sich manchmal so an, als wäre man gefangen, dabei ist die Kiste offen, man muss sich nur trauen. Stück für Stück reflektiere ich in meiner Kiste. Ich schaue, was die Probleme sind, und versuche, den Ursprung zu finden. Das ist mein erster Schritt, den ich mache, um herauszukommen. Er ist anstrengend, aber noch viel anstrengender ist es, aktiv etwas gegen das Problem zu machen. Oft fühlt es sich so an, als wäre das auch ein Problem, das anfängt, auf mich zu hämmern, weil ich mir einen Vorsatz mache und mich dann doch nicht traue. Ich versuche es einfach anzunehmen und mir selbst zu sagen, dass ich jetzt vielleicht noch nicht bereit dafür bin, aber es irgendwann sein werde, wenn ich weiter daran arbeite.

Hannah Mannion
Ungewissheit

Sorgen. Sorgen, wie es weitergeht. Sorgen, wie mein Leben nach der Ausbildung aussieht und weiter verläuft. Werde ich all die Dinge, die ich mir für mein Leben vornehme, erreichen können? Werde ich glücklich sein?
Zukunftsängste, Ungewissheit.
Dabei läuft mein Leben gerade nahezu perfekt ... Am liebsten würde ich die Zeit anhalten und das Hämmern auf die Kiste verstummen lassen.
Aber was wird dann?

Kari Lucia Fendler
Die schüchterne Erinnerung

Erinnerung, was möchtest Du, was willst Du – meinen Schlaf? Du kommst und klopfst ganz leise erst, als wolltest Du nicht stören. Als wüsstest Du, dass ich eigentlich sehr beschäftigt bin.
Ich bin beschäftigt – gedankenschwer – träume ich durch die Nacht. Von Feen, die selbstlos mit mir teilen, die alles mir verzeihen, von Krähen, deren Flügelschläge stetig mich begleiten, und von dem nächsten Tag.
Wer bist Du also, was führt Dich her, was möchtest Du von mir? Behutsam, ja beinahe sanft klopf ich zu Dir zurück. Erst einmal, zweimal, dreimal dann, hoff, dass Du mich hören kannst. Es bleibt nun still, ich spitz die Ohren, doch hören kann ich nichts.
War es letztendlich nur mein Herz, das klopft mir in den Ohren? Was leise ward, doch lauter-lauter-LAUTER wird, ein unendliches Tosen? Vorsichtig strecke ich die Hand, bis meine Fingerspitzen heben sanft den Truhendeckel, und sehe etwas blitzen.
Ein Licht fällt rein, ein Sonnenstrahl, und füllt den ganzen Raum, alles, was ich bin, wie um mir zu zeigen: Nun ists vorbei mit all dem Grübeln und mit dem ganzen Schweigen. Und vor mir steht, in ganzer Pracht,
er,
der stolz sich nennt: Star meiner Albträume.

Aileen Igelbrink
Außendruck

Die Meinungen von anderen, die mich an mir selbst zweifeln lassen, und die Angst vor viel zu vielen Sachen, die meine positiven Gedanken zu verdrängen versuchen.

Tim Szymanski
Sinnsuche

Es ist dunkel und es riecht stark, aber nach was? Nun, ich glaube, das ist mein kleinstes Problem, denn dies ist die Geschichte, wie ich in einer Kiste stecke und mich von allem befreie, um hervorzukommen.
Ich wache auf und das Erste, was ich sehe, ist Dunkelheit. Bin ich blind? Nein, das kann nicht sein, also taste ich mich vor. Komisch, der Raum ist so klein, Moment ... das ist alles so holzig. Und jetzt wird's mir klar: Ich bin in einer Kiste, einer Kiste ohne Ausweg. Und es riecht ... es riecht komisch. Da, da ist ein Klopfen, aber wer klopft da? Also frage ich und frage und frage und frage, aber keine Antwort. So vergehen Sekunden, Minuten und Stunden.
Die Zeit nutze ich, um vieles zu hinterfragen. So hinterfrage ich das System und mein Leben. Jeden Tag aufs Neue aufzustehen, jeden Tag dieselbe Routine, tagein, tagaus ... tagein, tagaus. Diese Monotonie, nichts passiert, wozu leben, wenn eh nichts passiert, was macht das aus, Leben oder Tod? Am Ende bist du eh nichts, ein Niemand. Am Ende vergessen dich alle.

Und dieses System, das ist nicht besser. Man ist nur ein Produkt, ein Zahnrad in einer Uhr. Man wird benutzt, um am Ende weggeschmissen zu werden. Probleme interessieren keinen, es geht um Qualität, um die Produkte. Und selbst die Weisen werden wenig wertgeschätzt in dieser monotonen Gesellschaft.

Ich schweife ab, ich muss hier raus. Das System reparieren, das Leben reparieren, aber ist es überhaupt noch möglich, ist es nicht zu spät?

Ich werde geweckt, ein Flüstern wird hörbar. Aber was flüstert es? „Sünden, Sünden, Befreiung."

Ich versuche, die Sünden zu ignorieren, es sind sowieso zu viele.

Er flüstert weiter und wird immer lauter, aber wer ist ‚er'? Egal, keine Zeit dafür. „Befreie dich, du musst dich befreien!"

Es wird wieder still. Ich habe wieder ein Ziel vor Augen. Das Leben hat einen Sinn, es muss einen Sinn haben, und ich muss ihn suchen.

Es wird hell, ich strecke und recke mich, meine Augen, es ist so hell, und ich erkenne eine Person vor mir, ich weiß aber nicht wen. Ich blicke hinauf und wieder hinunter, es ist einfach viel zu hell. Ich erkenne etwas unter mir und erstarre zugleich.

Alina Seelkopf
Gibt es eine Befreiung?

Ich sitze in einer Kiste. Ich fühle mich wohl, ihre Wände geben mir Sicherheit. Aber es gibt nur diese vier Wände, den Boden und das Dach. Alles sieht gleich aus. Jeden Tag sehe ich dasselbe.

Es ertönt ein leises Klopfen. Aber es wird immer lauter. Eine Stimme kommt dazu. Sie engt mich ein. Es sind Zweifel, Ängste und Sorgen.

Wer bist du? Was magst du? Was machst du? Wie machst du's?

Ich komme nicht weg aus meiner Umgebung und meinen Gewohnheiten. Ich fühle mich wohl, so wie es ist. Aber möchte ich das so? Wenn ich immer das Gleiche mache, wie weiß ich, wer ich bin? Wie kann ich mich entwickeln, herausfinden, was mir wichtig ist, was ich tun, verändern und Gutes tun möchte? Ich möchte experimentieren, Neues ausprobieren. Dinge mögen und anderes nicht. Erfahrungen sammeln und mit ihnen wachsen.

Aber wie soll das geschehen, hier in meiner Kiste mit meinen vier Wänden und Gewohnheiten?

Hailie Jade Gurr
Das Leben

Ich sitze hier in einer Holzkiste, die tief versteckt auf einem verstauben Dachboden steht.

Ich weiß nicht, wie ich hierhergekommen bin oder was ich hier mache. Es ist dunkel und leise in der Kiste, ich kann sie nicht öffnen. Nur durch das kleine Schlüsselloch kann ich ein Licht erblicken.

Doch plötzlich wird es dunkel, ich habe Angst. Ich weiß nicht, was es ist, ich kann es nicht erkennen, es kommt näher. Und dann ... es hämmert auf den Deckel der Kiste. Ich schreie so laut, wie ich kann, und warme Tränen laufen mir die Wange herunter. Plötzlich wird es leise. Ich höre nur noch mein Wimmern.

Nach einer Weile ertönt ein Quietschen, es kommt von der Kiste, der Deckel geht auf. Ein helles Licht ist zu sehen, so hell, dass ich nichts anderes sehen kann. Was ist das? Und wer hat die Kiste geöffnet? Ich habe Angst, aber ich möchte wissen, was da draußen ist.

Langsam stehe ich auf und verlasse die Kiste. Ich stehe im Licht, und weit und breit ist nichts. Nur ... auf einem kleinen Holztisch ein altes, verschmutztes Buch. Ich öffne das Buch, um zu schauen, was drinsteht. Erst erkenne ich nichts, doch dann wird alles klar, in diesem Buch sind alle meine Erinnerungen. Erst jetzt realisiere ich, was ich schon in meinem Leben geschafft habe, und dass es wichtig ist, niemals aufzugeben.

Doch als ich fertig bin, bemerke ich, dass viele Seiten noch leer sind. Ich frage mich warum? Ich überlege, und dann wird es mir klar: Es geht noch weiter, ich bin noch nicht am Ende.

Egal, wie schwierig und hilflos es für dich erscheint, es gibt immer einen Lichtblick im Leben.

Happy Place

Gibt es Orte und Momente, an denen du zur Ruhe kommst? Erzähle uns von Deinem Happy Place.

Carola Steyer
Was mit alles guttut

Nordsee und Ostsee,
Kuchen und Toffifee,
Sonne und Schweizer Schnee,
Cappuccino im Lieblingscafé,
Pommes und Rinderfilet,
Sommer mit Eiskaffee,
Ruhe mit leckerem Tee,
Freunde mit Begrüßungskomitee,
Brötchen mit selbst gemachten Gelee,
Grüne Wiese mit vierblättrigem Klee,
Mit dem Auto einfach mal jottwede,
Blumen gerne in Rosé,
All das tut mir gut – juchee.

N. N.
Als könnte ich fliegen

Liebes Tagebuch,
für mich gibt es keinen schöneren Moment, wo ich zur Ruhe komme, als auf dem Motorrad. Auf dem Motorrad fühle ich mich frei und bekomme das Gefühl, als könnte ich fliegen ... Abhauen von all den Sorgen und Problemen.
Das Motorradfahren löst meine Probleme zwar nicht, aber lässt sie mich vergessen ... Auch, wenn es nur für einen kurzen Augenblick ist.

Leonora Kamke
Mein Tagebuch

Es gab viele Momente in meinem Leben, die kein bestimmtes Datum haben, jedoch geschehen sind und großen Einfluss auf mein Leben ausüben.

Als kleines Kind war der schönste Ort, an dem ich zur Ruhe kam, die Nähe meiner Eltern. Immer, wenn ich Angst hatte, lief ich zu Papa oder zu Mama, die mir Mut machten, und im nächsten Moment ging's mir wieder ausgesprochen gut. Manchmal musste ich mitten aus dem Spiel zur Mutter laufen, einfach weil ich es brauchte. Dann konnte das Spiel weitergehen. Meine Eltern bedeuten mir *sehr* viel. Und eine Besonderheit meiner Eltern möchte ich hier zum Vorschein bringen: Meine Eltern brachten mich zum schönsten Ruheort.

So wurde ich älter, und schließlich kam der 17.09.2017, ein Tag, der sehr entscheidend war und ist. Es war bei einem Gottesdienst. Ich war innerlich sehr unruhig. Ich wusste, dass ich viel Schlechtes getan hatte in der Vergangenheit und voller Sünden war. Ich brauchte jemanden, der meine Sünden vergeben konnte, denn so wie ich jetzt war, konnte ich nicht vor Gott stehen.

Was würde ich denn tun, wenn ich jetzt plötzlich sterben müsste? Ich würde in die Hölle müssen aufgrund meiner Sündhaftigkeit. So ging ich nach einem inneren Kampf nach vorne und fiel auf die Knie, betete und bat bei Gott um Vergebung. Ich wurde ganz ruhig und verspürte tiefen Frieden in meinem Herzen und wusste, dass Gott mir vergeben hatte.

Ich glaube daran, dass Jesus, als er auf die Erde kam, am Kreuz gestorben ist und meine Sünden auf sich genommen hat – stellvertretend für MICH gestorben ist. Seit dem Tag habe ich einen ganz besonderen Ruheort gefunden. Es ist JESUS CHRISTUS selbst. Er ist immer da, und mit IHM kann ich über alles reden. Er hört immer zu, wenn ich zu ihm bete, und ich werde in der Gemeinschaft mit IHM ganz ruhig.

Aus persönlicher Erfahrung darf ich es bezeugen, dass nur bei Jesus das echte Glück und die tiefe Ruhe zu finden sind. Diesen Ruheort empfehle ich jedem, und selbst Jesus ruft jedem Menschen zu: ‚Kommt her zu mir alle, die ihr mühselig und beladen seid, so will ich euch Ruhe geben!'

Weil ich diesen Ruheort habe, kann ich immer und überall zur Ruhe kommen oder ruhig sein, denn der Friede, den ich seit dem 17.09.2017 persönlich kenne, ist immer und bleibt auch immer in meinem Herzen, weil Jesus in meinem Herzen wohnt. Wenn ich unterwegs bin, habe ich Ruhe – ich kann in Gedanken immer beten und mit Jesus reden. Wenn ich in Stresssituationen bin, habe ich Ruhe – Jesus beschützt mich.

Ich glaube, dass Gott die Welt geschaffen hat, und ich bin so gern in der Natur, im Wald, am Meer, in den Bergen, und ich muss immer wieder staunen, wie wunderbar Gott die Natur geschaffen hat. Auch diese wunderschönen Orte sind perfekt, um sich zu sammeln und einen freien Kopf zu bekommen, oder auch einfach mal spazieren zu gehen und den Tag zu genießen. In diesen Momenten spreche ich immer mit Gott und danke ihm für die herrliche Natur.

Auch zu Hause ist meine Ruheort, wo ich ungestört in den Zimmern beten kann, alleine und auch als Familie zusammen. Gemeinsam können wird über alles reden, die Gemeinschaft genießen und uns unterstützen. Auch hier ist Jesus immer da und mit uns.

Ich bin Gott von Herzen dankbar, dass ich sein Kind sein darf, und wüsche es dir als Leser oder Leserin auch von Herzen, dass, wenn du diesen Ruheort Jesus noch nicht persönlich kennst, du zu diesem Ruheort kommst.
Hier noch ein Zitat aus der Bibel:
‚Wer zu mir kommt, wir nicht hinausgestoßen werden!' – Jesus

Fiona-Marleen Ziegler
Orte für die Ruhe im Kopf

Ich habe mehrere Orte, an denen ich zur Ruhe komme. Fangen wir mit dem ersten an: Typisch, das Bett bei Nacht. Ich komme dann am besten zur Ruhe, ich bin allein, es ist ruhig und keiner stört mich. Der zweite Ort ist auf einer Brücke am Abend. Dieselben Gründe, aber mit frischer Luft.

Jetzt kommt mein Lieblingsort: Auf einem Friedhof mit Musik in den Ohren. Es ist, als wäre ich nicht allein, aber irgendwie schon, keiner tut mir was an oder nervt mich, ich kann entspannen und abschalten, einfach mal loslassen, was ich leider zu selten kann, weil durch mein ADS mein Kopf dauerhaft mit Gedanken voll ist. Es ist, als wäre endlich mal Ruhe im Kopf, keiner, der streitet, einfach Ruhe.

Hannah Mannion
Manches ist lebenswert

Es sind die Freunde, die mich zum Lachen bringen und mit denen ich Zeit verbringe. Es ist die Musik, die ich höre, die meine Stimmung und meine Gefühle widerspiegelt. Es ist die Luft, die ich atmen darf. Der Grund, warum ich am Leben bin. Es sind Orte, Momente, Personen, die das Leben lebenswert machen.

Ramona Gumz
Der Duft der Ruhe

Ein ruhiger Ort,
vier Pferde stehen dort.
Die Natur, sie strahlt in ihren schönsten Farben.
Am liebsten würde ich ein Bild davon malen.
Es gibt immer etwas Neues zu sehen.
Für mich bleibt dort die Zeit mal stehen.
Ich genieße die Ruhe und die Süße der Luft.
Ich begrüße den Tag, ich atme seinen Duft.

Aileen Igelbrink
Die Arme meiner wichtigsten Person

Es ist warm und kuschelig, das ist es schon seit 17 Jahren, und immer hier, hier ist es immer am wärmsten und am kuscheligsten.

Es ist, wie wenn die Wärme und ich durch eine Schnur verbunden wären, und man kann sie nicht durchtrennen. Sie beschützt mich wie eine Blase, die gefüllt ist mit Liebe und Zuspruch, die sie nur für mich aufgehoben hat, wie wenn sie darauf wartet, dass ich zu ihr komme und es in Anspruch nehme, denn es gehört mir. Es gehört mir schon seit 17 Jahren und es wird mir so lange gehören, wie es diese Wärme gibt.

Sie kümmert sich um mich und lässt die Meinungen der anderen abprallen, denn sie weiß, wie doll ich an mir selbst zweifle, und sie kennt die ganzen Ängste, die ich mit mir trage. Wenn ich so überlege, weiß sie alles: was ich am liebsten esse, welches Shampoo ich benutze, meine Träume, meine Tränen und für wen ich sie vergieße. Ich wünsche mir, dass ich sie ihr zurückgeben kann, die Wärme, die sie jeden Tag gibt. Ich brauche nichts sagen, und schon öffnet meine Mama ihre Arme für mich und schenkt mir ihre Wärme, egal, ob ich weinen oder lachen muss. Das ist mein Wohlfühlort – die Arme der Person, die mich schon seit 17 Jahren in den Armen hält. Und erst jetzt fällt mir auf, dass es immer weniger wird ...

Alina Seelkopf
Mein Happy Place ist kein Ort

Sie hat weiches Fell. Wenn ich mit den Fingern durchgehe, denke ich an nichts anderes. Die aufmerksamen Ohren achten immer auf mich, und mit der Nase fragt sie nach, ob alles gut ist. Ihre Augen zeigen ihre Gefühle und ihr Wohlergehen. Ihre ruhige, kuschelige Art lässt mich runterkommen und atmen. Ihre lebensfrohe und aktive Art lässt mich auf andere Gedanken kommen und Spaß haben.
Mein Pferd löst mich vom Alltag und lässt mich vergessen. Sie gibt mir Kraft und Mut, Neues zu erfahren, Probleme zu überstehen, und erinnert mich, die Freude nicht zu vergessen.

Leoni Ratz
Noch träume ich

Viele Menschen berichten von ihrem Happy Place, doch da kommt mir immer die Frage, wo meiner ist.
Mein Happy Place sollte mir helfen, zur Ruhe zu kommen und mich zu akzeptieren, wie ich bin. Ich hoffe, dass ich diesen Platz irgendwann im echten Leben finde. Doch bis dahin lege ich mich hin und träume von meinem State of Happiness.

Johanna Scheithauer
Traumort in der Natur

Da gibt es so einen Ort in meinem kleinen Dörfchen, dort findet man mich ab und zu an Sommertagen. Es ist ein kleiner Steg am Fluss, umgeben von ein paar Bäumen, einer Kuhweide gegenüber und einer schönen Wiese.

An warmen Tagen schnappe ich mir den Hund und ein gutes Buch und gehe zu meinem Steg. Wenn ich dort bin, merke ich schon, wie ich mich entspanne. Die Sorgen und der Stress vom Alltag fallen ab, und ich lasse meine Beine im kühlen Wasser baumeln. Ich schaue einen Moment lang den Kühen beim Grasen zu, wie sie genüsslich kauen, höre die Vögel zwitschern und fühle die leichte Brise, während ich meine Gedanken schweifen lasse. Auf dem Wasser tummeln sich ein paar Wasserläufer und erzeugen leichte Wellen, und manchmal sieht man Libellen vorbeiflitzen. Neulich hatte sich eine Libelle auf meinen Zeh gesetzt, sie war tiefblau.

Zum Lesen lege ich mich meist auf den warmen Steg, während der Hund neben mir auf der Wiese liegt und sich sonnt. Ich tauche in das Buch ein und vergesse die Zeit.

An manchen Tagen kommen ein paar Spaziergänger vorbei, die sich auch am Wasser abkühlen wollen, dabei entstehen nette Gespräche. Doch lieber genieße ich die Ruhe und fühle die angenehm warme Sonne auf meiner Haut, auf dem kleinen Steg in meinem Dörfchen …

Cindy Zschiesche
Hier fliegt die Zeit

In meinem Garten, still und fein,
blüht Glück und Frieden, Sonnenschein.
Die Bäume tanzen, bunt und licht;
ein Ort, der Herzen glücklich spricht.

Hier fliegt die Zeit ganz sacht und leise,
mein Ort der Ruhe, in so schöner Weise!
Die Vögel singen fröhlich und frei,
ich atme tief ein und lausche dabei.

Mein Happy Place ... der Ort, wo meine Seele ruht!
Sind die Menschen, die ich liebe, noch an meiner Seite,
geht es mir unendlich gut!

Sophie Dickmann
Mein unruhiger Happy Place ...

Ein Ort, wo es nie ruhig ist, immer Bewegung, pures Leben, voll Familie ... es ist mein Zuhause, manchmal leiser, manchmal lauter, manchmal bunter, manchmal grauer, doch nie 100 % ruhig. Es ist ziemlich perfekt.
Wo Töne sind, ist Leben, wo Leben ist, ist Familie, wo Familie ist, sind meine Freude, meine Ruhestätte, meine Ladestation.

Ida Kosakowski
Mein Wohlfühmensch

Mein Happy Place ist kein Ort, sondern ein Mensch. Ich kenne meinen Happy Place noch nicht lange, aber als ich ihn das erste Mal sah, wusste ich, er ist es. Als er mich das erste Mal ansprach, explodierte mein Herz fast vor Freude. Ich lache mit ihm, und er nimmt mich in die Arme, wenn es mir schlecht geht. Wir gehen zusammen durch dick und dünn, durch Trauer und Freude. Mit ihm kann ich über alles reden, selbst wenn es ein kompliziertes Thema ist. Er versteht mich und meine Art, obwohl dies in manchen Momenten schwierig wirken mag. Auch wenn er mich mal nicht versteht, versucht er es weiter. Ich hoffe, er wird für immer bleiben.

Jessika Strüh
Mein wunderbares Haus

Happy Place ... Wo oder wann ist ein Moment oder ein Ort ein Happy Place? Erlebe ich meinen Happy Place mit der Familie, mit Freunden oder gar mit mir und meinen Gedanken im Selbstgespräch, oder doch lieber in eigener Stille?
Ich denke, das kommt darauf an, was mir mein Leben für Aufgaben stellt. Um aus ihnen für mich Erfahrungen, Selbsterkenntnisse, Wachstum oder Enttäuschungen ziehen zu dürfen, benötige ich Zeit. Zeit, um mit mir vertrauten Personen zu sprechen, und Zeit, um mit mir und meinen Gedanken allein zu sein. Doch die Frage zu beantworten, wo ich sein möchte, fällt schwer.
Nach einiger Zeit des Nachdenkens ist mein Happy Place mein Zuhause. Ja, mein Haus. Das ist der Ort, an dem ich bin, wer ich bin! Hier dürfen meine Kinder sein – zu jeder Tages- und Nachtzeit. Hier lade ich Personen ein, die ich sehr gern um mich haben möchte. Und hier bin ich auch gern allein. Mit Gedankenkarussell oder ohne – völlig egal.
Ich freue mich jeden Tag darüber, dass ich den Mut hatte, vor einigen Jahren den Schritt zu gehen, dieses Haus allein zu kaufen. Dieser kleine Fleck Land, in einem Dorf unweit von Celle, ist mein Happy Place.

Judith Wenderoth
Es wird immer unvergesslich sein

Mein Happy Place ist mein Freund Jamie. Kennengelernt haben wir uns in der achten Klasse, er kam neu in unsere Schule. Mein erster Eindruck war: ‚Gar nicht mein Typ – schade.' Doch diese Einstellung blieb nicht lange so, du hast alles geändert. Ich kann mich noch genau daran erinnern, wie du dich gegenüber von mir hingesetzt hast. Mir fiel deine lustige Art auf – du warst so anders. Einfach immer positiv. Meine beste Freundin bemerkte schon mein aufkommendes Interesse an dir. Ab diesem Punkt warst du Gesprächsthema Nummer eins. Es dauerte jedoch noch, bis wir uns wirklich kennenlernen konnten. Ich noch am Kämpfen mit meinen Verlustängsten, du derjenige, der nicht mehr warten wollte. Beide waren wir noch nicht bereit und somit erst mal anderweitig beschäftigt.

Doch das war nicht das Ende. Anfang 2021 haben wir und wieder intensiv getroffen – wir lernten uns kennen. Wir sind jeden Tag zusammen mit dem Fahrrad zur Schule gefahren. Obwohl du einen größeren Umweg fahren musstest und ich eigentlich immer den Bus genommen habe. Bei dir habe ich gelernt, ich selbst zu sein, und andersrum hab ich dir gezeigt, dass du dich nicht verstellen musst.

Von Spaziergängen über Spiel-Abende mit der Familie bis hin zu Deep Talks um drei Uhr nachts. Wir haben einander unsere Vergangenheit anvertraut, was mir sehr schwergefallen ist, doch bei dir habe ich mich wohlgefühlt! Nun kannten wir uns schon sehr gut, doch meine Verlustangst war immer noch da.

Am 19.06.2021 saßen wir mit zwei weiteren Freunden zu Hause bei dir. Wir haben gequatscht, und irgendwann kam die Frage: „Seid ihr beide denn jetzt eigentlich zusammen?" Bevor ich es überhaupt realisieren konnte, sagte ich ja. Ich kann mich nicht daran erinnern, es sagen zu wollen, es ist einfach passiert.
Von dort an haben wir sehr viel miteinander erlebt. Wir lachten, weinten, kuschelten, unternahmen neue Dinge miteinander und lernten uns immer weiter kennen. Nun bin ich 18, du bist 19, und ein Leben ohne dich will ich mir nicht vorstellen müssen. Egal, wie lange diese Liebe anhält oder nicht, ich werde unsere Zeit niemals vergessen.

E. S. Y.
Natur

Mein Happy Place ist die wunderschöne Natur.
Sie gibt mir Ruhe und Kraft.

Kimberly Neumann
Orte, an denen ich ich sein kann

Ich habe nicht nur einen Happy Place, sondern mehrere.
Zum einen die Natur. Ich liebe Wälder, den Harz und das Meer. Dort komme ich zur Ruhe. Die Natur bietet so viel. Am Meer kann ich mich an den Strand legen und ein Buch lesen. Im Harz gehe ich wandern – einfach den Kopf freibekommen und Natur erleben. Ebenso beim Spazierengehen.
Ein Happy Place von mir ist Schweden. In meiner Kindheit waren wir jedes Jahr dort. 2022 sind wir nach zehn Jahren wieder mal nach Schweden gefahren. Es hat sich wie zu Hause angefühlt. Ich liebe die Natur, die Seen und die Menschen dort. Alle sind so freundlich, offen und hilfsbereit. Ich habe außerdem Bekannte in Schweden, da mein Vater zum Schüleraustausch dort war, und der Kontakt geblieben ist.
Und dann gibt es noch meinen Freund und meine Familie. Bei ihnen kann ich ich sein.

Arina Sewtschenko
Meine Insel im Alltag

Mein Happy Place ist die Ostsee, um genau zu sein Scharbeutz. Hier ist der Ort, an dem ich mit meiner Familie zur Ruhe komme. Allein der Gedanke daran, durch den Sand abwärtszuschlittern und den Wellen entgegen, strahlt Ruhe in mir aus. Das Gefühl, am Meer tief einzuatmen, den Wellenrausch zu hören und zu genießen, ist einzigartig. Den nassen Sand unter den Füßen zu spüren und für einen Moment den Alltag aus dem Kopf pusten lassen. Einfach an nichts anderes denken, sondern im Hier und Jetzt mit meinen Liebsten die Zeit genießen und die Seele baumeln lassen. Das ist mein Ruhepool, meine Energietankstelle, mein Kraftort und meine Insel im Alltag. Um genau zu sein, mein Happy Place.

Rasend schnell bewegt sich die Zeit

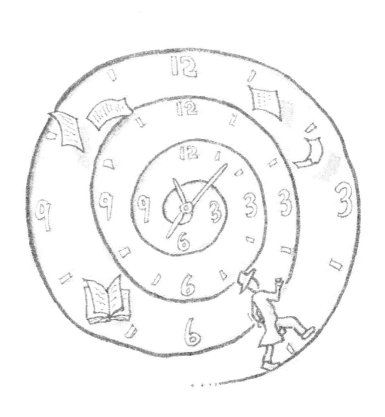

Rasend schnell bewegt sich die Zeit.

Charleen Titz
Alleine im Fantasie-Haus

Eben saßen wir noch im Kinderzimmer, bauten aus Decken und Kissen unser Fantasie-Haus. Nachts spielten wir dort Nintendo, ganz still, weil Mama uns sonst hören würde. Eben teilten wir unser Essen noch auf den Zentimeter ab, und jetzt, jetzt bist du weg. Seit fünf Jahren kein Wort mehr gewechselt, eben noch zusammen gelacht, doch jetzt nicht mal ein Blick von dir. Du hast mich allein gelassen, allein in meinem Fantasie-Haus, das mal unsers war. Die Träume und Geschichten, die wir uns erzählten, jetzt durchleb ich sie allein. Allein in meinem Fantasie-Haus, das keins mehr ist, denn ohne dich ist es nur ein Haus aus Decken und Kissen, ohne dich ist es nutzlos. Und jetzt frag ich mich, wie schnell vergeht die Zeit, dass du nicht mehr da bist?

N. N.
Stehe ich mir selbst im Weg

Ich hab nie verstanden, dass Menschen Angst vorm Altern haben können. Mittlerweile verstehe ich es, da ich mich nun in der gleichen Situation befinde, und ich bin der Meinung, dass es nie ums Altern direkt ging, sondern um viel mehr.
Wenn ich zurückdenke an meine ‚jüngeren' Jahre, dann merke ich, dass ich nie wirklich gelebt habe. Meine Kindheit war gut, und ich habe eine tolle Familie, die mich bei allem unterstützt, und trotzdem bin ich in einem tiefen Loch gelandet voller Ängste und negativen Gedanken, die nicht aufhören wollen. Bei mir geht es auch nicht direkt ums Altern, sondern ums Bereuen.
Ich habe Angst, dass ich später auf dem Sterbebett liege und bereue, dass ich mein Leben nicht so gelebt habe, wie ich es gekonnt oder gewollt hätte. Ich habe das Gefühl, dass die Zeit schneller verläuft als je zuvor. Es stresst mich, denn ich bereue jetzt schon vieles ... Aber am meisten bereue ich, dass ich zu großen Wert darauf lege, was andere von mir denken.
Ich kann gar nicht richtig beschreiben, was in mir vorgeht. Was ich aber auch nicht kann, ist die Zeit zurückdrehen oder sie anhalten. Ich habe das Gefühl, dass ich mein Leben und meine jungen Jahre vergeude ... und warum?
Weil ich mir selbst im Weg stehe, wie immer eigentlich.

Patricia Heiser
Die Zeit rast. Ich bleibe stehen

Rasend schnell bewegt sich die Zeit, heißt es immer. Und ja, die Zeit bewegt sich unglaublich schnell. Alles zieht in Lichtgeschwindigkeit an einem vorbei. Den einen Tag sagt jemand zu mir, wie er gerade hart daran arbeitet, sein Studium zu Ende zu bringen, und einen Tag später hat er es mit einem 1,3-Durchschnitt geschafft. Auch bei mir bewegt sich die Zeit rasend schnell. Im Sommer habe ich meine allgemeine Fachhochschulreife erreicht und zwölf Jahre Schule hinter mir. Ich werde schon immer gefragt, was ich danach mache, ob ich studieren gehe, arbeite, ... Es werden so viele Entscheidungen von mir erwartet, die mein Leben bis ich alt bin beeinflussen. Aber eigentlich bin ich noch nicht so weit.

Rasend schnell bewegt sich die Zeit, und man selbst bleibt stehen.

Alina Seelkopf
Allein in die Welt?

Gerade war ich noch im Kindergarten, habe Fahrradfahren gelernt und bin im Garten rumgelaufen, dann war ich in der Grundschule, habe mich jeden Tag mit Freunden getroffen. Durch meine Hobbys haben sich neue Freundschaften entwickelt. Manche Hobbys und Freundschaften zogen sich bis zur Realschule. Viele Kontakte zerbrachen durch den Schulwechsel. Neue Freundschaften formten sich, ebenso zerbrachen welche. Manchen trauere ich hinterher, mit anderen habe ich abgeschlossen. Manche Türen öffneten sich, manche sind angelehnt und andere tragen ein Fragezeichen. Dieses trage auch ich. In so kurzer Zeit habe ich schulisch viel erreicht, aber mit wem gehe ich in die Welt hinaus, und wer reist mit mir wie die Weltraummaus?

Lara Beckmann
Gefangene der Zeit

Ich stehe hier, allein. Alle anderen sind schon lange fort. Aber ich stehe hier, reglos, seit Stunden. Doch sind denn wirklich schon Stunden vergangen, seitdem ich hier stehe? Oder sind es nur wenige Minuten, die vergangen sind, seitdem ich hier stehe und denke ... Denke über all das nach, was gewesen ist oder gewesen sein könnte. Stundenlang denke ich darüber nach. Ohne zu merken, wie viel Zeit vergeht. Die Zeit, sie rennt. Was ist schon Zeit? Ist sie wirklich so schnell weg? Und nun sitze ich hier und denke nach, über die Zeit und wie sie vergeht. Und ohne zu merken, wie rasend schnell die Zeit vergeht, komme ich zu keinem Ende. Nein, je mehr ich darüber nachdenke, desto schneller vergeht sie, die Zeit. Warum bleibt sie nicht stehen? Warum kann ich nicht aufhalten, was einst begonnen hat? Nun sind Stunden vergangen, und ich stehe noch immer dort, allein und erstarrt in Gedanken über die Zeit, ohne zu merken, wie sie rennt. Und ich stehe, denke ich gehe, doch bewege mich nicht. Gefangen in der Zeit, gefangen und nur frei, solange die Zeit nicht abgelaufen ist. Doch merken wir, dass unsere Zeit abgelaufen ist? Ich denke nicht. Irgendwann ist es so weit. Ich stehe reglos da, unfähig, die Zeit zu kontrollieren. Unfähig, wie jeder andere. Und plötzlich ist es so weit, meine Zeit ist vorbei. Doch wie kann das sein, stand ich nicht eben noch reglos, gefangen in der Zeit, die rannte, ohne zu begreifen, dass sie abgelaufen war?

Federica Di Domenico und Elizaveta Drachenberg
Freundschaft überlebt die Zeit

Gerade noch waren wir in der fünften Klasse. Als wir uns trafen, wussten wir direkt, das wird die Freundschaft fürs Leben. Wir hatten Höhen und Tiefen, vor denen wir gemeinsam davonliefen. Die Lehrer wollten uns trennen, doch wir sind Freunde fürs Leben, dass mussten sie erkennen. Wir gingen immer weiter zu unserem Abschluss, dort war für uns aber noch nicht Schluss. Dann wurde es immer ernster, denn das Berufsleben kam immer näher. Es ist wie ein Spiel, wir sind fast am Ziel. Zehn Jahre Freundschaft in kurzen Zeilen erklärt: Für mich ist das mein größter Wert.

Ramona Gumz
Am Ende ist es Glück

Rasend schnell vergeht die Zeit,
war sie als Kind nicht ewig weit?
Bis ich endlich erwachsen war,
verging langsam Jahr für Jahr.
So vieles wollte ich schon machen.
All die großen, bedeutsamen Sachen.

Endlich war es so weit, ich war erwachsen und nicht mehr klein, doch plötzlich verschwammen dann die großen, bedeutsamen Sachen. Der Wahnsinn des Lebens wollte sich kaum bewältigen lassen. Ich habe mich aufs Karussell verlassen. Jeden Tag der gleiche Kreis. Meine Gedanken verschwammen im dunkelsten Teich. Der Traum meiner Kindheit überrannt von der Zeit. Ich dreh mich um und fühl mich alt. Ich blicke zurück, und was wird mir klar? Die großen, bedeutsamen Sachen sind schon da. Ich freue mich jetzt auf die rasende Zeit, denn am Ende ist es Glück, was bleibt!

Kimberly Neumann
Zukunftsängste

Die Zeit vergeht mir manchmal zu schnell und manchmal zu langsam.
Ich wollte immer schon früh Mutter werden, so zwischen 21 und 23 das erste Kind haben. Jetzt bin ich noch 20. Im Oktober werde ich 21 und bin mitten in der Ausbildung, die ich mit 22,5 Jahren beende.
Ich werde älter, obwohl ich es nicht werden möchte. Am liebsten immer Kind bleiben. Keine großen Sorgen und Probleme – besser gesagt, keine Zukunftsängste, wie ich sie jetzt habe.
Ich wollte schon mit 18 ausziehen – lebe jetzt immer noch zu Hause ... Es nervt mich. Gleichzeitig bin ich meinen Eltern auch dankbar.
Da ich recht junge Eltern habe, hoffe ich, dass sie noch einige Jahre leben und sie irgendwann ihre Enkelkinder haben werden. Ich hoffe, meine Eltern bleiben so gut es geht gesund und fit mit dem Alter.

Fiona-Marleen Ziegler
Könnte man die Zeit doch langsamer laufen lassen

Ich werde jetzt über meinen kleinen Bruder erzählen, er ist drei Jahre alt. Fangen wir mal von vorne an: Ich war dreizehn Jahre alt, als ich am ersten Weihnachtstag 2019 erfuhr, dass ich große Schwester werde, wodurch mein größter Wunsch wahr wurde. Es fühlt sich an wie gestern, als ich ein Päckchen bekam, wo ein Schnuller sowie ein Body mit der Aufschrift ‚Du wirst große Schwester!' drinnen war, und ich anfing zu weinen.

Die Schwangerschaft meiner Mum ging so schnell rum, wie ich es nie für möglich hielt. Auf einmal fuhr sie ins Krankenhaus, und da wussten wir noch nicht, was auf uns zukam. Sie war sieben Tage im Krankenhaus und hätte fast ihren Sohn verloren. Als sie nach Hause kam, wusste ich nicht, dass mein Bruder dabei war. Da war er dann auf einmal da, mein Engel, mein Schatz. Ich habe ihn von Minute eins an geliebt.

Ich hatte ihn das erste Mal auf dem Arm, habe ihn gefüttert, und auf einmal konnte er schon krabbeln, sich drehen, langsam kamen die ersten Worte und Schritte. Er kam in die Krippe, so schnell wie er sie wieder verließ. Jetzt ist er schon im Kindergarten, redet ununterbrochen, ärgert mich, ich spiele mit ihm. Es ist, als wären die letzten Jahre viel zu schnell rumgegangen. Ich hoffe, dass die Zeit nicht weiter so schnell vergeht, denn ich möchte noch so viel Zeit wie es geht mit ihm haben. Ich hätte nie gedacht, dass Zeit so schnell vergehen kann und dass man ein Kind so lieben kann.

Danke, Mama, für diesen Schatz.

Nina Dahl
Mit der Zeit verschärfen sich die Probleme

Es fühlt sich an, als wäre es erst gestern gewesen. Ich ging jeden Tag in den Kindergarten. Ich hatte viele Freunde und wenige Probleme. Ich war ein glückliches Kind. Ich hatte viele Träume und Vorstellungen, wie es wohl wäre, wenn ich alt bin.

Nun bin ich schon 19 und die Zeit rast, meine Freunde werden älter, machen Ausbildungen, fahren schon alle Auto, sind einfach erwachsen.

Die Zeit rast, ich weiß nicht wohin, ich merke nur, man sollte jeden Moment und jede Zeit genießen und jede Sache erleben, solange man die Zeit noch hat. Man merkt, je älter man wird, desto mehr Probleme hat man und desto weniger Freunde behält man.

Nicole Brimm
Schrödi

Mir kommt es wie gestern vor, als du kleiner Kater geboren wurdest, und ich bei deiner Geburt anwesend war. Heute bist du leider im Himmel, mein Seelenkater, mein Freund, mein Kuschelpartner, mein Leben. Leider musste ich dich gehen lassen nach schwerer, kurzer Krankheit.

Diesen einen Tag Anfang November, an dem du mir gezeigt hast, dass du nicht mehr leben möchtest, da brach mein Herz. Wäre ich egoistisch, hätte ich dir nicht deinen letzten Wunsch erfüllt. Ich rief in der Tierarztpraxis an und machte einen Termin aus, die Uhr tickte, die Sekunden und Stunden flogen nur so an mir vorbei. Ich nutzte jede Sekunde, um dir nah zu sein, hielt dich im Arm, streichelte dich und sagte dir so oft ich konnte mit tränenerstickter Stimme, dass ich dich mehr als mein Leben liebe.

Wie ein Wimpernschlag war die Zeit um und wir mussten los. Als es so weit war, nahm ich dich auf den Arm und kraulte dich an deiner Lieblingsstelle, bis du endgültig eingeschlafen warst.

Ich vermisse dich so sehr.

Es gibt eine Gruppe, die paranormale Untersuchungen macht. Dort wurde gesagt, dass wir im ‚selben Himmel' leben, wenn wir die Erde verlassen. Ich glaube daran, von daher sehen wir uns eines Tages wieder.

Jan Kathke
Die Zeit steht still

Die Zeit ... Die Zeit vergeht immer schneller. Was kann ich dagegen tun? Wie kann ich verhindern, dass die Zeit an mir vorbeizieht, ohne dass ich etwas dagegen tun kann? Wäre ich nur mit einer besonderen Gabe geboren worden, welche es mir ermöglicht, die Zeit zu kontrollieren. Das würde mir eine grenzenlose Freiheit verschaffen. Ja! Die Freiheit, die ich mir immer gewünscht habe. Nicht die Freiheit, von der jede normale Person spricht, sondern eine, die kein sterbliches Wesen erreichen kann. Eine höhere Instanz als jede andere. Allein dadurch würde jedes Individuum einen als besondere Existenz anerkennen. Eine Existenz, welche über die Zeit herrscht, somit über unendliche Freiheit in ihrem Tun verfügt. Doch was bin ich? Ein Niemand wie jeder andere auch ... ein Niemand, welcher sich dem Rad der Zeit willenlos ergeben muss. Was soll ich nur machen? Irgendwas muss doch möglich sein. Etwas, was in meiner Macht steht. Aber was? Die Zeit verändert sowohl die Umwelt als auch meinen Körper. Ich werde älter, doch wie kann ich den Alterungsprozess aufhalten?
Vor mir liegt ein Buch, ganz verwittert und zerfleddert und sehr vergilbt. Dich hat die Zeit auch nicht in Ruhe gelassen. Nicht mal Objekte, welche zeitlos erscheinen, sind geschützt und geraten in den immer schneller werdenden Morast der Zeit.
Ich ... kann das alles nicht ... Moment mal! Da ragt ein merkwürdiges Pergament aus dem alten Buch heraus. Was mag wohl draufstehen? Es ist ganz unleserlich, aber einige Worte sind noch erkennbar: ‚... Wunsch ...füllt werd...'

Welcher Wunsch wird erfüllt? Meint das Pergament etwa mich? Irgendwas muss mir doch einen klaren Hinweis liefern. Aber wie finde ich diesen? Verlangt das Buch etwa von mir, dass ich es durchlesen soll? Was würde mir das bringen? Dafür habe ich zu wenig Zeit. Oder kann mir das Buch wirklich dazu verhelfen, dass mein Wunsch erfüllt wird? Mein Wunsch, welcher mich zu einem Wesen macht, welches über schier endlose Macht verfügt. Egal aus welcher Sicht ich die Situation betrachte, es macht keinen Sinn, dennoch hat mich das uralte Buch in seinen Bann gezogen.

„Ich werde dich lesen, also hör auf, mich so komisch anzugucken!" Jetzt rede ich auch schon mit diesem Ding ...

Das Buch ist in Kapiteln aufgebaut, aber warum heißt jedes davon ‚Verlasse deinen Körper, erreiche ...'. Merkwürdig. Noch während ich das Buch lese, bemerke ich, wie sich mein Geist von meinem Körper trennt. Ich sehe mich aus einer gänzlich anderen Perspektive. Die Zeit steht still ... ich betrachte meinen Körper. Komplett vertieft in eine Geschichte. Vielleicht ist es genau das, was ich brauche, um meine Zeit zu kontrollieren?

Ida Kosakowski
Rasende Vergänglichkeit der Liebe

Heute ist ein schöner Tag. Die Vögel zwitschern und ich gehe mit meinen Freunden raus. Es gibt jeden Tag etwas Neues. Mama ist meine Heldin und Papa mein Sorgenfresser. Langsam begann ich, alles zu verstehen. Freunde kommen und gehen. Auf einmal wird alles so schwer. Wann passierte es, dass Schule zur obersten Priorität wurde? Sie war es bis zu diesem einen Tag. Bis ich dann dich und dein Lachen sah, und auf einmal warst du oberste Priorität. Ich wusste nicht, was wir machen, aber was ich wusste, war, ich will es für immer, und du bliebst. Jeden Tag aufs Neue dein wunderschönes Gesicht zu sehen, mit dir einzuschlafen, mit dir zu essen und zu wohnen, war genug, um glücklich zu sein. In schlechten Zeiten ein zuverlässiges ‚Ich liebe dich' zu hören, nachdem du mir auf den ganzen Kummer ein Tablett mit Essen ans Bett getragen hast. Dann kam ein Haus und somit auch das erste Kind. Du machst das Essen und ich den Haushalt, unser geregelter Alltag. Jeden Tag aufs Neue fahre ich unsere Kinder zur Schule und schließlich zur Uni. Bis zu diesem einen Tag. Unsere eigenen Kinder sind ausgezogen und haben selbst Kinder. An diesem einen Tag war es dein letztes ‚Ich liebe dich'. Du bist weg, und ich wünschte, dein Herz würde länger schlagen und meins hätte zuerst aufgehört.

War es das, einfach so? Jetzt bin ich allein mit Kindern und Enkeln. Wo ist die Zeit hin? Ich erinnere mich noch daran, wie Mama und Papa alles regelten, und ich saß mit meinen Freunden am See, jung wie sonst noch nie.

Ich habe das Gefühl, ich hätte dich gestern erst kennengelernt, obwohl ich mein halbes Leben mit dir verbracht habe.

Nun frage ich mich, ist das Liebe gewesen, und vergeht sie so rasend schnell?

Hannah Mannion
Das innere Kind in mir

Manchmal wünsche ich mir, ich würde in einer fiktiven Welt leben, wie bei Harry Potter. Dort, wo Zeitumkehrer normal sind. Ich könnte Momente immer wieder erleben, könnte sie spüren und aus ihnen lernen. Könnte all die Dinge, die mir Freude bereiten, immer und immer wiederholen.
Doch genauso könnte ich die Zeit anhalten. Einfach mal Pause. Im Hier und Jetzt verweilen. Genießen und leben. Alles ganz bewusst wahrnehmen. Das innere Kind in mir herauslassen und einfach glücklich sein.
Sorglos und frei.

N. N.
Die Kindheit ist vorbei

Zeit.
Als Kind verging sie so langsam.
Sie hat sich gewünscht, älter zu werden,
endlich ‚groß' sein.

Doch jetzt, nachdem sie geistig
plötzlich schneller altern musste als die Zeit,
will sie das nicht mehr.

Getrennte Eltern, viel allein,
Verantwortung übernehmen, selbstständig sein.

Die Zeit rast.
Unaufhaltsam.
Keine Zeit mehr, um Kind zu sein.

Frühreif, geistig schon deutlich weiter.
Sie wird noch als Kind bezeichnet,
dabei kann sie sich mit Gleichaltrigen
meist schwer identifizieren.

Ihre Kindheit ist vorbei.
Unwiderruflich.
Sie ist schneller großgeworden, als ihr lieb war.
Die Zeit rast,
aber sie
war noch schneller.

Ashley-Quiana Campbell
Mit der Zeit rennt die Zeit

Als ich klein war, bewegte sich die Zeit wie in Zeitlupe und brachte mich zum Strahlen. Dabei spielten Familie und meine Liebe zum Tanz, die ich bereits mit drei Jahren besaß, eine wichtige Rolle für meinen weiteren Lebensweg.

Es gab Momente, wo meine vier älteren Geschwister und meine beiden wundervollen Eltern mir durch Musik Rhythmus und Taktgefühl beibrachten. Dabei wurden bei Geburtstagen und Festen bestimmte Lieder gehört, die unserer Familie viel Zusammenhalt und Energie lieferten. Die Zeit blieb stehen, und alles drehte sich um das Thema Tanzen, das sich wunderschön und einzigartig anfühlte.

Bereits mit 13 Jahren durfte ich Schüler und Schülerinnen unterrichten und ihnen zeigen, was ich konnte. Obwohl ich selbst noch ein Kind war, hatte ich die Zeit und Freude daran, die Vielfältigkeit der Musik mit anderen teilen zu können. Für mich war es immer wieder eine schöne Verbindung zu meiner Familie, aber auch ein toller Austausch zu der Schule und dem alltäglichen Stress, der sich, in Verbindung mit Zeit, ein wenig entwickelte.

1 2 3 4 7 8, das sind Zahlen, die ich nie vergessen werde, die essenziell für und wie eingebrannt in das Leben einer Tänzerfamilie sind.

Wir als Familie organisierten viele Veranstaltungen und Möglichkeiten, als Tanzakademie Menschen, ob alt oder jung, die Türen in unseren Familienbetrieb zu öffnen.

Die Zeit bewegte sich für mich etwas schneller, als ich anfing, auf Meisterschaften zu gehen und zu versuchen, den Titel als Deutsche Meisterin oder Weltmeister-Team nach Hause zu bringen. Von dort an hat sich das Blatt gewendet, und es haben sich für mich einige Türen geöffnet. Ich habe Workshops bei Choreografen von Michael Jackson gemacht, war im Fernsehen, und es ging damit los, Interviews zu geben, um anderen Menschen meine Zeit und das, wofür ich brannte, vorzustellen. Ich bin bis heute, 2023, sehr dankbar, diese Chancen genutzt zu haben.

Plötzlich ging doch alles schnell, und die Meisterschaften und somit auch die Erfahrungen wurden immer mehr. Erfolge und Misserfolge spielten dabei eine Rolle, die einen im Leben nur stärker machen. In jeder Situation habe ich versucht, mein Motto ‚Lebe jeden Tag, als wäre es der letzte' umzusetzen.

Jeder Mensch, der ein Ziel vor Augen hat, sollte dieses auch verfolgen. Denn die Zeit rennt, alles und jeder Moment ist kostbar, und ich bin sehr glücklich, diese mit Familie, Freunden und Außenstehenden zu teilen.

Dazu möchte ich aber auch sagen: „Love yourself!"

Vergiss dich nie selbst. Es gibt immer Momente, die deine Zeit stehen lassen. Du solltest sie in vollen Zügen genießen. Dazu gehören auch Momente, die dich verletzen und zum Nachdenken bringen. Alles davon ist ein wichtiger Schritt in deine Zukunft, die du ab einem bestimmten Alter frei und selbst gestalten musst, um in der heutigen Gesellschaft zurechtzukommen.

Denk auch daran, wenn du dich streitest: Kommunikation ist alles. Entscheide für dich, was dein Problem ist und wie du dieses bewältigen kannst. Mir hat immer geholfen, sich darauf zu einigen, nie im Streit schlafen zu gehen. Du weißt nie, wie es am nächsten Tag aussieht.

Wie rasend schnell sich die Zeit bewegt, merkt man oft im Alter. Man hat erst vor Kurzem gelernt, wie man läuft, und plötzlich muss man seinen eigenen Weg gehen und sich seinen Arzttermin am Telefon selbst organisieren.

Die Zeit vergeht so schnell, dass man sich manchmal wünscht, man hätte mehr als 24 Stunden pro Tag.

Cordula Kuper
Erinnerungen bleiben

Die Zeit, sie rennt, steht nie still. Momente verfliegen, Erinnerungen bleiben. Ob es Erinnerungen an Menschen oder Tiere sind, es ist das, was uns bleibt, wenn die Zeit sie uns nimmt. Es gibt nie genug Zeit, um sie mit geliebten Menschen und Tieren zu verbringen. Erinnerungen sammeln, Momente genießen, denn die Zeit wird immer kommen, wo uns nur diese bleiben. Viele Geschichten von schönen Momenten sind in unseren Herzen zu Hause, und wir, die noch da sind, erhalten somit die Menschen und Tiere am Leben, auch wenn die Zeit sie uns genommen hat.

In liebevoller Erinnerung an die Menschen und Tiere, die die Zeit mir zu früh genommen hat.

Aileen Igelbrink
Wenn die Gedanken zu viel werden

Ich denke, dass Leute oft das hören wollen, was ihnen gefällt. Man soll ihre Meinungen bestärken und schlechte Entscheidungen gutreden. Ich denke, dass es schöner ist, wenn man zu seinen Fehlern nicht stehen muss. Diese Angewohnheit ist schwer abzulegen, etwas, womit ich selbst auch kämpfe.

Aber meine Schwester ... Zu ihr gehe ich, wenn ich die Wahrheit brauche, wenn mir jemand die Augen öffnen muss. Sie bestärkt mich, wenn ich recht habe, aber sagt mir auch, wenn ich falschliege.

Sie sagt es mir, wenn ich mal wieder zu viel über schlechte Menschen nachdenke und über ihre Meinungen, die mich traurig machen. Sie schafft es mit ein, zwei Sätzen, diese schlechten Menschen und ihre Meinungen irrelevant zu machen, sodass ich vergesse, warum es mich überhaupt gestört hat. Dafür bin ich ihr dankbar, und ich weiß, wenn die Gedanken wieder mal zu viel werden, wo ich hingehen muss.

N. N.
Wer bist du?

Man sagt, alles beginnt mit einem kleinen Augenblick. Manchmal handelt es sich bei diesem Augenblick um Sekunden, um Stunden oder gar um Jahre oder Jahrzehnte. Menschen behaupten, es sei Schicksal, andere beschreiben, es handle sich eher um einen reinen Zufall.
Ich glaube an das Schicksal.
Du blickst tagtäglich in eine vernebelte Sicht, bis ein noch so kleiner Sonnenstrahl durch diese Wolkendecke dringt und deine Aufmerksamkeit erlangt. Du siehst in diesem Zuversicht, Hoffnung und vielleicht sogar Sicherheit und Geborgenheit. Du rennst zu diesem Sonnenstrahl, als würdest du um dein Leben laufen, bis dir die Puste ausgeht und du um Luft ringst mit dem Gefühl, du würdest ersticken. Du tust alles dafür, diesen kleinen Lichtblick in dieser Dunkelheit um dich herum zu erreichen. Noch ein kleines Stück. Aber du kannst nicht mehr atmen. Die Zeit rennt, und somit auch dieser Sonnenstrahl.
Er ist fast verblasst, doch du erreichst ihn. Du kannst atmen. Und auf einmal fühlt sich alles warm an. Du merkst diese Strahlen auf deiner kalten, verblassten Haut. Und du erblickst eine Person, die du noch nie zuvor gesehen hast. Du siehst mich. Durch deine tiefblauen Augen siehst du mich. Ich frag mich, was du siehst. Die Spuren der Dunkelheit, die Narben auf meiner verblassten Haut hinterlassen hat? Was siehst du? Ich renne auf dich zu. Ich will sehen, wem diese tiefblauen Augen gehören. Ich erreiche dich. Ist das Schicksal? Ein unerträglicher Ton ertönt, ich halte meine Ohren zu. Und auf einmal sitze ich wieder in meinem Klassenzimmer, denn die Stunde war nun zu Ende. Ich frage mich bis heute: Wer bist du?

Kari Lucia Fendler
Eine Ode an die Freude

Mit einem letzten Blick auf die Uhr rannte ich los. Ich rannte so schnell, wie meine Füße mich in den ausgelatschten Flipflops tragen konnten. Vorbei an kleinen Häusern auf Stelzen, vorbei an all den Menschen in Gummistiefeln, die die Kragen ihrer dicken Anoraks bis unter die Nasenspitze gezogen hatten. Meine Lungen brannten bei jedem Atemzug, und auch als meine Beine protestierten, zwang ich mich weiterzulaufen. Schneller, noch schneller, denn ich durfte nicht zu spät kommen. Von Weitem hörte ich das rhythmische Stampfen, begleitet von einem Kratzen auf Metall. Es waren die Färöer, die ihre Messer schliffen und ihre wilden Gesänge anstimmten, um den diesjährigen Grind einzuleiten. Eine Musik, die den Tod von Hunderten von Walen bedeuten sollte.

Keuchend sprintete ich die letzten Meter Richtung Strand und ignorierte die spitzen Steinchen, die sich in meine Füße bohrten. Der Weg führte zwischen den Dünen hindurch und gab, nach einer letzten Kurve, den Blick auf die Bucht frei. Kleine Wellen trafen auf den breiten Steinstrand, während hoch über mir ein Basstölpel einen leisen Schrei ausstieß. Doch all das rückte in den Hintergrund, als ich die Männer erblickte. Es waren um die zwei Dutzend, in den Händen Eisenstangen, deren Spitzen umgebogen waren und einer Spitzhacke ähnelten – die Fanghaken, die in das Blasloch der Wale und Delfine eingeführt wurden, um sie anschließend mit einem langen Messer aufzuschlitzen und verbluten zu lassen. Sie standen in kleinen Grüppchen, unterhielten sich leise und

blickten immer wieder aufs Meer hinaus in freudiger Erwartung, endlich beginnen zu können.
Ich verlangsamte meine Schritte, bis ich schließlich an der Absperrung zum Stehen kam, die mich und andere Zivilisten davon abhalten sollte, den Strand zu betreten. Davon abhalten sollte, *sie* beim Ausleben ihrer grausamen Tradition zu stören.
Nun hieß es nicht auffallen: Mein Handy steckte bereits mit laufender Kamera in meiner Brusttasche, hoffentlich unauffällig genug, dass es die örtliche Polizei nicht bemerken würde. Mit einer Hand tastete ich nach dem Mikrofon unter meinem Hemdkragen und stellte sicher, dass die Aufnahme während meines Sprints nicht unterbrochen worden war. Dann schaute ich auf die Uhr: *Nur noch drei Minuten, wo bleiben die anderen bloß?*

Im Stillen verfluchte ich mich dafür, dass ich das Funkgerät im Wagen liegengelassen hatte. Als Sam, Vic und die anderen gestern vorgeschlagen hatten, wir könnten im Lieferwagen schlafen, um Hotelkosten zu sparen, hatten sie die Rechnung ohne die Sicherheitsstandards der Färöer-Inseln gemacht. Nachdem wir zweimal von Behörden kontrolliert worden waren, mussten wir für einen sicheren Schlafplatz fast bis an das andere Ende der Insel fahren. Und als wir dann in der Nacht von Ratten überrascht worden waren, die unseren Van wohl genauso gemütlich fanden wie wir, war an Schlaf nicht mehr zu denken gewesen.
Das Weinen eines Kindes riss mich aus meinen Gedanken und brachte mich zurück an den Strand, auf dem die Männer wieder zu stampfen und zu singen begonnen hatten. Auch wenn mein Färöisch nicht sonderlich gut war, erkannte ich

die Worte ‚Wal' und ‚Jagd'. Sie bewegten sich immer schneller, gaben sich ihrem Stampfen und Klatschen hin, bis am Horizont der erste weiße Fleck auftauchte. Ein Grölen ging von der Menge aus, und die Menschen rissen ihre Hände in die Luft, als das weiße Etwas näher kam. Die Kinder jauchzten, und eine Frau begann laut zu singen und zu tanzen, während ich innerlich immer ruhiger wurde.

Das war der Moment, für den ich jahrelang ausgebildet worden war.

Mittlerweile waren weitere weiße Flecken zu erkennen, die immer näher kamen, bis sie so nah waren, dass ich ihre Gesichter erkennen konnte. Sechs Männer standen auf den weißen, kleinen Motorboten und fuhren in einer kreisförmigen Formation auf den Strand zu. Vor ihnen sah man im Wasser immer wieder Flossen, Schnauzen und Fluken auftauchen. Ich atmete ein und ließ die Luft mit einem leisen Zischen wieder entweichen.

Warte ... Warte noch ..., ermahnte ich mich selbst und versuchte, mein trommelndes Herz zu beruhigen. Als die Wale so nah waren, dass ich in ihre Augen blicken konnte, in diese müden, erschöpften, angsterfüllten Augen, von Tieren, die über Stunden zu diesem Strand getrieben worden waren, um hier zu sterben, ballte ich die Hände zu Fäusten und lief los.

Arina Sewtschenko
Zeit erleben

Die Zeit ... was ist eigentlich Zeit? Eines steht fest, die Zeit rennt, und zwar nur in eine Richtung. Sie rennt vorwärts und nicht rückwärts! Sei es im Alltag, auf der Arbeit, in der Schule, beim Schlafen, beim Spielen, bei den Hobbys, beim Sport oder einfach beim Nichts-Tun. Zeit ist das, was wir im Hier und Jetzt tun ... Zeit ist wertvoll, Zeit ist wichtig und Zeit ist ein Geschenk, das man jeden Tag wertschätzen sollte. Die Zeit rennt oft so schnell, dass man Dinge im Leben, die man gerne getan hätte, nicht mehr tun kann. Und warum? Weil man sich oft genau für diese Dinge im Leben keine Zeit nimmt. Es ist wichtig zu erkennen, dass die Zeit, selbst wenn sie verlangsamt wird, unaufhaltsam voranschreitet. Daher ist es wichtig, die Zeit in vollen Zügen zu genießen, kostbare Augenblicke mit den Menschen zu teilen, die einem am meisten etwas bedeuten, die Zeit bewusster zu erleben und die Schönheit des Lebens in vollen Zügen zu genießen.

Momente der Stille

In Momenten der Stille und des Stillstehens denkt man oft an die Personen, die einem wirklich wichtig sind oder waren. Berichte von ihnen!

Nele Wilmsen
Stillstand

Rasend vergeht die Zeit
Keine Pause, immer was zu tun
Von einem Ort zum nächsten
Schule, Arbeit, Hobbys, Freizeit

Immer unterwegs
Keine Zeit, um richtig hinzuhören
Es explodiert

Ich hab mehr Zeit, aber das ist egal
Denn
Du bist still

Ich habe plötzlich zu viel Zeit
Muss mich mit meinen
Gedanken beschäftigen

Nur noch zu Hause
Aber
Hab mein Zuhause verloren

Manuela Marwede
Hey Daddy,

jeden Brief beginnt man mit den Worten: „Wie geht es dir?" Aber ist es in diesem Fall der richtige Anfang für meinen Brief an dich?
In meiner Vorstellung geht es dir gut. Du hast keine Schmerzen, machst dir keine Sorgen und hast alle um dich rum, die uns, wie du, zu früh hier auf der Erde verlassen haben. Du kannst jederzeit bei uns sein und uns begleiten. Und ich fühle mich oft von dir begleitet.
Trotz allem würde ich dich so oft gerne um Rat fragen. Dich einfach anrufen, dir was erzählen. Einfach wissen wollen, ob du stolz auf mich bist.
Ich habe mir immer gewünscht, dass du meine Kinder hättest kennenlernen dürfen – und sie dich! Ich stelle mir oft vor, wie es wohl gewesen wäre: Du sitzt mit meiner Großen zum Schachspielen zusammen. Und ihr hättet euch so gut verstanden! Du hättest ihr so gut beistehen können bei der Wahl ihrer Fächer für ihr Abi. Die gleiche Art Humor.
Oder meine Kleine – ihr hättet so viele Gespräche über Gott und die Welt geführt. Sie hat so viel von dir!
Oder mein Mann. Ich stelle mir so oft vor, wie ihr auf der Terrasse sitzt und euch unterhaltet, nebenbei etwas grillt.
Wie würdest du wohl darüber denken, was ich gerade Aufregendes, aber auch Anstrengendes in meinem Leben durchmache? Eine Ausbildung in meinem Alter. Als Mutter, Ehefrau, Arbeitnehmerin und Hausfrau noch einmal die Schulbank drücken. Und unglaublicherweise sogar eine Zwei in Mathe.

Für uns ist es auch nach 18 Jahren noch immer schmerzhaft, dass du nicht mehr bei uns bist. Dieser Schmerz verschwindet auch nicht! ‚Die Zeit heilt alle Wunden' ist ein blöder Spruch. Er ist gelogen! Der Schmerz wird anders, aber er vergeht nicht. Aber weißt du, was mich tröstet? Dass du nun schmerzfrei bist! Dass es dir gut geht, und dass wir uns irgendwann wiedersehen werden. Mich tröstet es, dass du da warst, um andere unserer Lieben zu empfangen.

Und ich bin dankbar! Dankbar, dass ich dich kennen durfte, für jeden Tag, den wir gemeinsam verbrachten, für alle Gespräche zwischen Vater und Tochter, für jeden Rat, für jeden Augenblick. Aber am meisten Dank empfinde ich dafür, dass du mein Vater warst. Ich deine Tochter sein durfte. Danke für alles, Daddy! Ich denke jeden Tag an dich, und du lebst in meinem Herzen – und vor allem in meinen Töchtern weiter!

In endloser Liebe
Deine Tochter

Cordula Kuper
Herzlichen Glückwunsch

‚Herzlichen Glückwunsch', diese zwei Worte machten mich so glücklich. Nein, es war kein Geburtstag, keine Hochzeit, es war viel mehr.
Eine Liebe wie ein Feuerwerk erfüllte mich, es machte mich so glücklich. Als ich dich neun Monate später unter Schmerzen zur Welt brachte, sah ich in deine süßen Augen, deine kleinen Hände, und die Welt schien für einen kurzen Moment stillzustehen. Mein Herz, meine Liebe lag nun in meinen Armen.

Carola Steyer
Herzensmensch

Du bist mir ein Vorbild, auch wenn du jünger bist,
du bist die Nummer 1 in meiner Playlist.
Gab's auch mal Streit, hielt er nicht lange an,
wir zwei sind schon ein gutes Gespann.

Den Umgang mit deiner Krankheit fand ich
                              bewundernswert,
in Gedanken hast du sie schon längst überquert.
Mach weiter so wie bisher,
verlasse immer rechtzeitig den Kreisverkehr.

Die beste Schwester, die ich mir denken kann,
du bist mein weiblicher Ehemann.

Charleen Titz
Immer bei mir

Eine Person, die mir wirklich wichtig ist? Sie ist die stärkste Person, die ich kenne, und manchmal denke ich, sie hat Superkräfte, mit denen sie das Unmögliche möglich macht. Und obwohl sie von so großem Wert ist, stellt sie sich selbst oft hintenan. Sie liebt nicht nur bedingungslos, sondern reicht mir auch immer ihre Hand, wenn ich mein Gleichgewicht verliere. Sie zieht mich aus dem Feuer und löscht anschließend den Brand. Wenn meine Muskeln schlappmachen, greift sie mir unter die Arme und verjagt nachts meine Ungeheuer. Sie ist ohne Zweifel die Wichtigste in meinem Leben. Sie steht mit mir bei Regen und bei Sonne, bei Schnee und auch Gewitter, und ich kann ihr das nicht zurückgeben, das, was sie mir schon mein Leben lang schenkt. Sie ist immer bei mir, jede Sekunde, jeden Tag, weg von ihr werde ich immer Heimweh haben, aber ich verspreche ihr, meine Ungeheuer werde ich selbst jagen. Sie ist ein Wunder, und wenn ihr nicht an Wunder glaubt, dann solltet ihr meine Mama kennenlernen.

Manuela Marwede
An mein Kind

Solange ich lebe, werde ich für dich kämpfen. Ich werde dir so gut es geht mit Rat und Tat zur Seite stehen. Dich trösten, wenn du Trost brauchst. Dich halten, wenn du Halt brauchst. Du kannst dich immer auf mich verlassen! Brauchst du mich, so bin ich da! Denn deine Mutter sein zu dürfen, ist das größte Glück auf Erden für mich! Ich bin unendlich stolz auf dich! Egal, was auch passiert, ich werde nie aufhören, dich zu lieben!
In endloser Liebe
Mama

Janis Rienass und Anna-Malin Rienass
Wir sagen Danke

Liebe Mama, lieber Papa,
wir möchten euch Danke sagen. Ihr habt uns zu den Menschen gemacht, die wir heute sind. Dank euch konnten wir eine wunderschöne Kindheit erleben. Wir hatten viele Freiheiten und durften unsere Welt erkunden und eigene Erfahrungen machen. Trotzdem wart ihr immer für uns da (auch wenn es mal etwas brenzlig wurde).
Wir haben schöne Erinnerungen an früher. Wir fanden es toll, auf Omas und Opas großem Fischteich mit dem kleinen Boot zu fahren, im Winter mit dem Trecker eine Schlittenpartie zu machen, oder auch zusammen mit euch, Oma und Opa in

den Wald zu fahren und zu sehen, wer die meisten Pilze findet.

Etwas ganz Besonderes waren auch unsere gemeinsamen Urlaube. Egal ob in München auf der Fanmeile, der Säbener Straße, mit Opa Siggi auf der Alm oder auf Fehmarn. Es war immer ein Erlebnis.

Ihr habt uns immer bei unseren Entscheidungen unterstützt. Ihr habt uns auch mal den Kopf gewaschen, aber immer hinter uns gestanden. Ihr habt uns Mut gemacht und mit uns gefiebert, als wir unsere Prüfungen hatten. Dank meiner Anleitung und euch absolviere ich meine Ausbildung zur Erzieherin. Auch Janis habt ihr, neben seinen Chefs, bei seiner Ausbildung und seinen guten Abschlussprüfungen unterstützt.

Abschließend möchten wir euch DANKE sagen, denn wir sind unendlich glücklich, euch unsere Eltern nennen zu dürfen. Wir wissen, dass es nicht selbstverständlich ist, solche Eltern, wie ihr es seid, zu haben. Oma Hildegard und Opa Otto sowie Oma Erna wären sehr stolz auf euch.

Wir haben euch unendlich lieb.

In Liebe

Eure Kinder Janis und Anna

Céline Heidenreich
Familie

Oft stellt man sich die Frage, was einem wirklich wichtig ist. Für mich gibt es da nur eine ganz klare Antwort: FAMILIE! Familie ist mein Zuhause. Wir stehen zueinander und sind immer füreinander da. Ganz besonders möchte ich meinen Eltern danken. Ich möchte ihnen danken, dass sie mich zu dem Menschen gemacht haben, der ich heute bin. Zusammen haben wir schöne, aber auch schwere Zeiten überstanden. Wir haben gelacht und geweint, gemeinsam geben wir einander Kraft.
Auch bin ich unendlich dankbar für meine tollen Geschwister. Ihr seid für mich das Allerwichtigste. Ihr habt es in eurem Leben nicht immer einfach gehabt, aber ich war von Minute eins für euch da und habe für euch und mit euch gekämpft. Ihr seid die Menschen, die mir jeden Tag ein Lächeln ins Gesicht zaubern. Die Dinge, die wir gemeinsam erlebt haben, wird uns nie mehr jemand nehmen können. Ihr seid der Grund, warum ich überhaupt weiß, warum Familie so wichtig ist. Ich kann heute sagen, dass ich eine stolze große Schwester bin. Ich bin stolz auf alle eure Wege, die ihr geschafft habt und schaffen werdet. Aber auch bei euren weiteren Lebenswegen werdet ihr mich nicht los, denn ich bin immer da!
Gemeinsam sind wir stark und geben uns Mut und Kraft, und ich möchte, dass ihr dies niemals vergesst!

Lara Beckmann
Du – dort, wo ich hingehöre

… Und nun soll ich von dir berichten, und weiß gar nicht, wo ich anfangen soll. Auf die Frage: ‚Warum bist du mir wirklich so wichtig?' kann ich gar nicht direkt antworten. Irgendwann kamst du in mein Leben und bliebst. Jeden Tag, den wir zusammen verbrachten, wuchs meine Liebe zu dir. Wir fanden immer mehr Gemeinsamkeiten, aber auch Gegensätze. Wir erlebten immer mehr zusammen. Mit der Zeit merktest du, dass es gar nicht so leicht war, mit mir zusammenzuleben, wie du es vorher gedacht hattest. Es kamen Zweifel auf, auch eine schwere Zeit.
Ich dachte lange, wir schaffen es nicht, doch du gabst uns nie auf. Und das tust du auch heute nicht. Du zeigst mir, dass man mit Liebe alles schaffen kann. Herausforderungen und Probleme erscheinen so klein, wenn ich mit dir bin. Seitdem du da bist, ist es nicht mehr das Gleiche, du brachtest Farbe in mein graues Leben.
Ich dachte viel zu lange, ich könnte nicht lieben und erst recht nicht geliebt werden. Du hast mich gelehrt, mich selbst zu lieben und endlich ein Leben führen zu können, von dem ich nur geträumt habe. Lange haben wir gekämpft zusammen, umeinander, um alles, was wir jetzt haben. Mit dir fühle ich mich zu Hause, egal, wo ich bin. All meine Ängste und Sorgen verschwinden, sobald ich deine Augen sehe. Mein Herz wird leicht, wenn ich dein Lächeln sehe. Stundenlang können wir zusammen sein, doch nicht lange allein. Verlieren wir uns aus den Augen, findet mein Herz zurück zu dir, egal, wo du auch bist. Keiner wird sich zwischen uns stellen können, nichts wird uns trennen. Ich könnte Stunden über dich sprechen, und darüber, was dich besonders macht. Doch dann säße ich noch immer hier und nicht

bei dir, dort, wo ich hingehöre. Du hast mein Herz, und ich würde nie daran zweifeln, dass es dort richtig ist.

Unser Leben beginnt erst jetzt. Wir wachsen und entwickeln uns zusammen, werden älter und folgen unseren Träumen. Ich kann es kaum erwarten, in vielen, vielen Jahren mit dir auf der Terrasse zu sitzen und über alles zu quatschen, was wir erlebt haben. Und sollte jemals dein Herz aufhören zu schlagen, bevor es meins tut, so werde ich jeden Tag sehnsüchtig warten, bis wir wieder vereint sind. Unsere Seelen gehören zusammen, das weiß ich genau.

Danke, dass du aus mir den Menschen gemacht hast, der ich nun bin. Danke, dass du mich nie im Stich lässt und immer zu mir hältst. Danke, dass du mich nie aufgegeben hast, als ich es schon lange hatte. Danke, dass du mich bedingungslos liebst und alles für mich tun würdest. Ich sage dir viel zu selten, was du mir bedeutest, und das tut mir sehr leid.

Ich liebe dich unendlich, und das auf ewig.

Nicole Brimm und Cordula Kuper
Wie Topf und Deckel, als das alte Ehepaar sich kennenlernte

Wir schreiben das Jahr 2022, es ist August, Donnerstag, der erste Schultag. Nichts ahnend betreten wir unseren Klassenraum, wie immer die gleiche Frage: Neben wem kann und möchte ich sitzen? Ein schneller Blick in die Runde, da sind welche, die sich schon kennen, weitersuchen. Okay, einen Platz hätte ich im Visier, braune Haare, freundliches Lächeln, da gehe ich hin. Tasche auf den Boden gestellt, Stuhl vorgezogen, freundlicher Blick zur Seite.

Die allseits beliebte Vorstellungsrunde beginnt. Meine Nachbarin ist dran, erste Infos für mich. Sie heißt Cordula und ist ‚forever 21'. Okay, vom Alter her passt es, mal schauen, wie es mit uns beiden weitergeht.

Zwei Wochen Schule, ja, wir sitzen wieder nebeneinander und unterhalten uns über die Arbeit, wir nähern uns zaghaft an, ab und zu lachen wir auch. Die Zeit vergeht, wir verstehen uns sehr gut, lachen viel und gerne, stören damit manchmal den Unterricht. Selten haben wir Platz für die Unterrichtsmaterialien auf unseren Tischen, da wir uns donnerstags und freitags gegenseitig mit Essen versorgen. An einem dieser Tage meinte unsere Klassenlehrerin aus heiterem Himmel: „Wenn man Ihnen so zuhört, verhalten Sie sich wie ein altes Ehepaar."

Das erste Schuljahr ist um, wir haben es geschafft. Die Sommerferien haben begonnen. Ein, zwei Telefonate, die Planung steht, wir fahren zusammen in den Urlaub. Koffer gepackt, nach langer Diskussion ist auch das Kind im Bulli, auf geht's auf die Rentnerinsel Rügen. Nur Regen auf der

Hinfahrt, wird bestimmt toll, der Urlaub, bei dem Wetter. Doch Gott sei Dank, der Wettergott zeigte sich gnädig, Sommer, Sonne, Sonnenschein.

Wir sitzen auf der Terrasse, trinken, essen, rauchen und unterhalten uns ab und zu. Ich frage meine Freundin, ob wir ein Hörspiel hören wollen. Sie schaut mich an, hört auf zu malen. Ich warte auf ihre Antwort, sie fragt mich, wie ich auf diese Frage komme. Ich schaue sie fragend an und sage: „Das ist doch eine ganz normale Frage."

Sie fängt an zu lachen, ich habe ein großes Fragezeichen über dem Kopf. Sie sagt: „Ich habe verstanden, was ich von Vorspielen halte!"

Wir schauen uns an und lachen Tränen.

Der Urlaub ist zu Ende, es geht nach Hause, doch das war nicht der letzte gemeinsame Urlaub. Die Planung für den nächsten ist schon auf der Rückfahrt gestartet. In einem sind wir uns schon einig: Nie wieder Rügen.

Die Ferien neigen sich dem Ende zu, die Vorbereitungen für den ersten Schultag laufen. Bald ist Donnerstag und wir sehen uns wieder. Essen, lernen und quatschen.

Von daher: Gestört, aber geil.

Nina Dahl
Oma und Opa

Liebes Tagebuch,

wenn ich mal eine Minute Ruhe habe am Tag oder wenn ich nachts wach liege, denke ich an bestimmte Personen, die mir wichtig sind oder waren. Vor allem denke ich an meine Oma und meinen Opa, die Eltern meiner Mama. Ich merke einfach, je mehr ich erwachsen werde, wie wichtig die beiden mir waren und immer noch sind. Wenn ich zurückdenke, haben sie mir eine wunderschöne Kindheit gegeben, ich kann mich nicht mehr an viel erinnern, aber einige Sachen habe ich Gott sei Dank noch im Kopf.

Ich weiß noch ganz genau, wie ich damals mit meinem Opa auf unseren Schaukeln draußen saß, meine Mama war oben im Haus am Kochen und meine Oma hat was im Garten gemacht. Es war ein warmer Sommertag, mein Opa und ich haben wie immer Quatsch gemacht, er hat immer das Gemüse aus dem Garten geklaut und wir beide haben es dann heimlich zusammen gegessen.

In dem Alter, in dem ich war, konnte ich nie direkt zeigen, wie wichtig sie mir waren. Im Endeffekt bereue ich auch, dass ich selten gesagt habe: „Hab dich lieb" oder „Danke".

Die beiden haben viel auf mich aufgepasst, weil Mama und Papa arbeiten waren, aber ich habe es geliebt. Zudem wurde es schwer für mich, als meine Oma immer älter wurde und nichts mehr essen und trinken wollte. Ich sah auch, dass es für meine Mama nicht leicht war. Ich weiß noch, als wir alle ins Krankenhaus gefahren sind, um uns zu verabschieden. Ich bin leider nicht mit rein, weil ich mich nicht getraut habe. Einerseits bin ich traurig darüber, aber andererseits glücklich, weil ich Oma in meinen Gedanken habe wie eine lebhafte und wunderschöne Frau.

Mein Opa wurde auch immer älter, ging dann ins Altenheim und musste seinen alten, süßen kleinen Bauernhof zurücklassen. Das war nicht leicht für ihn, aber das Richtige und Beste. Als Tradition bin ich mit Mama und meiner Schwester jeden Freitag zu ihm gefahren. Wir sind immer durchs Dorf gegangen, an Kühen vorbei über eine kaputte, anstrengende Straße zum Bäcker. Dort gab es leckere Sachen für uns, und meinem Opa ging es wieder gut. Doch als die Zeit kam, dass es auch für ihn zu Ende ging, war es hart für mich.

Ich merkte nie, wie wichtig Oma und Opa mir waren, bis zu ihrem Tod. Seitdem denke ich oft noch an sie und habe sie auch bildlich vor meinen Augen. Ich vermisse sie sehr, aber dafür sind zwei Sterne mehr am Himmel, die auf mich hinabschauen und auf mich aufpassen.

Danke, liebes Tagebuch, dass du mir zugehört hast.

Bis bald!

Deine Nina

Kimberly Neumann
Damals und heute

Wichtig waren: Mein erster Freund und seine Familie.
Wir haben uns 2019 durch unsere Väter kennengelernt. Nach zwei Monaten Kennenlernphase sind wir zusammengekommen. Er war immer für mich da, ich konnte mit ihm über alles reden. Seine Familie war wie meine zweite Familie für mich. Sie hatten immer ein offenes Ohr. Im Februar 2021 hat er Schluss gemacht.

Es war das erste Mal, dass es mir richtig beschissen ging. Ich konnte nicht damit umgehen, seine Familie zu ‚verlieren'. Angst umsonst: Mein Vater und sein Vater arbeiten noch immer zusammen, und den Kontakt zur Mutter und zur Schwester habe ich heute noch. Ganz selten schreiben mein Ex und ich uns auch noch.

Wichtig sind: Mein Freund und meine Familie.
Meinen jetzigen Freund habe ich durchs DRK kennengelernt. Er kannte mich schon vorher – durch meinen Ex. Beide wohnen in Wolfenbüttel.

Mein Freund liebt das Ehrenamt sehr und würde es sogar beruflich irgendwann machen wollen. Des Weiteren liebt er das Wandern. Mein Freund, meine Familie und ich gehen deshalb oft gemeinsam im Harz wandern.

Meine Familie unterstützt mich in meinen Hobbys und in meiner Ausbildung. Sie hören mir zu und sind für mich da. Auch mein Freund.

Manuela Marwede
An meinen Mann

Sage ich „Ich liebe dich", dann tue ich dies nicht aus Gewohnheit. Ich bin mir dieser Worte bewusst und sage sie aus vollem Herzen. Diese Worte sollen dir sagen, dass du das Beste bist, was mir passieren konnte. Sie sagen: Du und ich für immer! Du gibst mir Halt, bist mein bester Freund und mein Fels in der Brandung. Mit dir an meiner Seite kann ich alles schaffen, denn gemeinsam sind wir stark. Ich danke dir für unsere wundervollen Töchter.
In Liebe
Deine Frau

Fiona-Marleen Ziegler
Was, wenn alle fort sind?

Am Abend, da liege ich in meinem Bett, es ist dunkel draußen, es regnet und gewittert. Da kommen dann die Erinnerungen an meine verstorbene Uroma, meinen Opa sowie an meine verstorbenen Haustiere hoch.

Meine Haustiere mussten wir leider alle drei einschläfern lassen, weil alle Krebs hatten. Sie gehörten zu meinem Leben und waren mir auch sehr wichtig. Es fing mit meinem Kater an, den wir am 31.12.2019 verabschieden mussten. Zwei Wochen davor war mein Opa verstorben, im Juli 2020 ist meine Uroma leider von uns gegangen. Zum Glück hatte ich dann ein wenig Zeit aufzuatmen, bevor mein Hund im September 2021 gegangen ist. Mal etwas Schönes zwischendurch, wir haben uns einen Kater geholt, und ich bekam einen Freund, der leider auch im Dezember Schluss gemacht hat. Meine Oma bekam die Diagnose Demenz, und im Juli 2022 verließ mich dann meine Katze. Alles aus meiner Kindheit war fort. Ich hatte keinen Halt mehr. Es ging mir lange Zeit sehr schlecht, nachdem ich sie verloren hatte, jedoch lag es auch daran, dass sie innerhalb kurzer Zeit verstarben. In den drei Jahren verlor ich sehr viel.

Genug aber von der Vergangenheit. Ich habe viele wichtige Personen in meinem Leben, die mir wirklich viel bedeuten, zum Beispiel meinen kleinen Bruder, meine Mama und meine besten Freunde. Sie sind da, wenn ich sie brauche, sie sind einfach in meinem Herzen. Ich könnte sie auch nie verlieren. Mich prägt jedoch jeden Tag die Angst, sie zu verlieren. Ich wüsste nicht, wie ich das überstehen könnte.

Cordula Kuper
Alles begann mit einem Blick

Eines Abends, zu Hause war dicke Luft, fuhr ich mit Freunden in die Diskothek Fun Factory. Dort angekommen, holte ich mir an der Bar etwas zu trinken, stellte mich an die Seite und schaute mich um.

Mein Blick traf seinen. Wir schauten uns an, die Zeit schien stillzustehen.

Dann stellte er sein Glas weg und kam auf mich zu, er sprach mich an. Mein Herz machte einen Sprung. Wir sprachen die ganze Nacht, es war spät, meine Freunde waren längst gefahren. Er bot mir an, mich nach Hause zu fahren.

Wir verließen die Disco, stiegen ins Auto und fuhren los. Wir sprachen die ganze Fahrt, sie war viel zu schnell vorbei. Es kam der erste Abschied, es sollte nicht der letzte sein.

Am nächsten Abend kam er wieder zu der Stelle, an der er mich abgesetzt hatte. Mein Herz schlug schnell, es war um mich geschehen. Mein Herz gehörte nun ihm.

Diese Nacht ist 24 Jahre her, heute sind wir verheiratet und haben einen tollen Sohn. Auch heute noch macht mein Herz einen Sprung, wenn wir uns ansehen.

Sophie Dickmann
Meine beste Freundin

Sie nimmt nicht nur diese eine Rolle ein, sondern viele gleichzeitig … Sie ist mein ‚emotional support', mein Lachen in der Stille, mein Leuchten im Dunkeln und mein fester Anker in den manchmal so groß wirkenden Wellen aus Ängsten, Zweifeln und Problemen. Wenn sie den Raum betritt, beginnt er zu leuchten. Sie füllt nahezu jeden Raum mit ihrer Liebe, ihrem Lachen und ihrer guten Laune. Wir sind ein Doppelpack, möchte man eine, bekommt man beide. Doch auch wenn sie mal nicht in Person bei mir ist, ist sie da. Wenn ich sie anrufe, hält sie ihre Welt und das, was darin passiert, an, um all diese Wellen, die immer näher zu kommen scheinen, durch ihre fürsorgliche und liebevolle Art wie Seifenblasen zu zerschlagen, bevor sie an mir aufprallen können. Ich bin ihr dafür unendlich dankbar, denn all das müsste sie nicht tun … doch sie tut es einfach, und deshalb habe ich sie so unendlich lieb.

Hannah Mannion
Zwei Menschen

So viele Menschen kommen und gehen wieder aus unserem Leben. Freundschaften beginnen und zerbrechen. Sie geben uns Halt, bieten uns ihre Schulter zum Anlehnen. Und trotzdem gibt es irgendwann einen Moment, in dem man von jetzt auf gleich wieder allein ist. Streit, Tod, Ärger, Krankheit. Die wichtigsten Menschen im Leben sind jedoch die, die einem das Leben geschenkt haben. Bedingungslose Liebe von Tag eins an. Kernmomente in der Kindheit, die sich ins Gedächtnis gebrannt haben. Lachen, weinen, Ratschläge, die man immer nur belächelt hat, die man jetzt aber gerne wieder hören würde. Als Fels in der Brandung geben sie uns Halt, Sicherheit, ein Zuhause. Ein Zuhause, in das man immer wieder zurückkommen kann, egal, wie alt man ist.

Zwei Menschen, die aus der Verbindung zueinander ein Leben erschaffen haben. Zwei Menschen, denen ich alles, was ich bis jetzt erreicht habe, verdanke. Zwei Menschen, die mir mit Liebe und Anstand beigebracht haben, was wichtig ist im Leben. Zwei Menschen, die alles für mich tun würden. Zwei Menschen, die ich über alles liebe.

Mama und Papa.

Céline Heidenreich
Mit einem „Hey" fing alles an

Manche Dinge im Leben passieren unerwartet. Es gibt nie den passenden Zeitpunkt für irgendwas.
Ein ganz normaler Tag wie jeder andere auch, ich kam von der Arbeit, machte ein bisschen was im Haushalt, und nach dem Abendessen legte ich mich ins Bett und genoss die Stille. Irgendwann schaute ich auf mein Handy und sah eine Nachricht von dir, du schriebst: „Hey, Lust zu schreiben?"
Ich habe nur gedacht: ‚Ach, da kannst du ruhig mal antworten, der ist ja ganz nett.'
Also schrieb ich: „Hey, können wir machen."
Und so schrieben wir immer öfter und lernten uns besser kennen. Doch uns beiden war schnell klar, dass da irgendwie etwas mehr als nur Freundschaft war. Wir beschlossen uns zu treffen, um uns noch etwas besser und näher kennenzulernen. Erst hatte ich ein mulmiges Gefühl und wusste nicht, wie ich dir gegenübertreten soll, denn für mich warst du schon bei den ersten Worten mehr als nur ein Freund gewesen. Aber gut ... Die Aufregung stieg mit jedem Tag, der verging, immer mehr. Dir ging es genauso, und das beruhigte mich ein wenig. Wir hatten geplant, uns an einem See zu treffen, um spazieren zu gehen, doch dazu kam es nicht, denn es hat geregnet wie aus Eimern. Also haben wir uns zu Hause getroffen und haben uns stundenlang über viele verschiedene Dinge unterhalten. Die Zeit verging wie im Flug, und ich fühlte mich in deiner Anwesenheit sehr wohl. Ich habe schnell gemerkt, dass du anders bist als alle anderen. Du gabst mir ein gutes Gefühl. Ich begann mich zu verlieben und wusste von Mal zu Mal mehr, dass du der Richtige bist.

Nach einiger Zeit und weiteren Treffen nahm das Schicksal seinen Lauf und wir wurden ein Paar. Ich war der glücklichste Mensch auf diesem Planeten. Ich war einfach nur glücklich, und nichts und niemand konnte mir meine Laune verderben. Nun sind wir beide glücklich und erleben gemeinsam viele schöne Dinge und verbringen viel Zeit miteinander.

Doch geplant hatte ich das alles so nicht. Ich habe immer gesagt: „Ich brauche keine Beziehung, ich habe da keine Zeit für", doch mit dir war alles anders. Du hast mir gezeigt, dass die Dinge im Leben unerwartet kommen und sie nicht geplant werden können. Doch heute kann ich sagen, dass ich sehr froh bin, dass es so gekommen ist, und du ein sehr wichtiger Mensch in meinem Leben bist.

Gian Luca Piruzdad
Nicht allein

Es gibt nicht wirklich viele Orte, an denen ich abschalten und Ruhe genießen kann.

Mein Zimmer ist nur ein Raum, in dem ich die Zeit verstreichen lasse. Ein Raum, der mich zwar mein Leben lang begleitet hat, aber auch Erinnerungen an negative Erfahrungen in mein Gedächtnis ruft. Der Wald, in dem ich es immer geliebt habe, spazieren zu gehen, weckt Erinnerungen an meinen verstorbenen Hund. In dem Moment wird mir wieder klar, dass einfach etwas fehlt. Rückzugsorte, an denen eigentlich Stille empfunden werden sollte, sind für mich unruhiger als jede Innenstadt.

Erst seit Kurzem ist mir klar geworden, dass ich meine Orte selbst gestalte. Die Gedanken, die ich mir mache, müssen meine Umgebung nicht beeinflussen. Ich muss auch nicht allein durch diese Orte spazieren. Erst als ich die mir nun wichtigsten Menschen kennengelernt habe, wurde ich mir dessen bewusst. Und wenn ich mit diesen Menschen die Welt erkunde, über die ich mir so den Kopf zerbreche, dann verspüre ich die Stille, die mir in der Vergangenheit gefehlt hatte.

Ob man es will oder nicht – die Zeit, die man mit seinen Mitmenschen verbringt, ist die absolut wichtigste. In einer Zeit, in der man sich schnell einsam fühlen kann, müsste sich jeder daran erinnern.

Anna-Malin Rienass und Céline Heidenreich
Der erste Schultag

Es war Ende August. Aufgeregt und nervös traten wir unsere Ausbildung zur Erzieherin an. Um 7.45 Uhr standen wir auf dem Schulhof. Alle Klassen wurden aufgerufen und eingeteilt. Unsere Klasse war die letzte. Der Schulhof war leer. Nur wir beide standen zum Schluss auf dem Schulhof. Wir stellten uns zusammen und warteten, was passiert. In dieser Zeit unterhielten wir uns über Gott und die Welt. Es stellte sich heraus, dass wir beide in eine Klasse kommen würden, und wunderten uns, warum die anderen Schüler nicht da waren.
Nach einer halben Ewigkeit kam eine Lehrerin zu uns und schaute den leeren Schulhof an. Wir gingen zu ihr und stellten fest, dass sie unsere neue Klassenlehrerin war. Es stellte sich heraus, dass wir zur falschen Zeit am falschen Ort waren. Doch so falsch waren die Zeit und der Ort nicht. Gemeinsam mit unserer Lehrerin gingen wir in unseren neuen Klassenraum. Dort mussten wir noch weitere Stunden auf die anderen Schüler warten. Also blieb uns nur die Möglichkeit, einander noch besser kennenzulernen. Wir stellten viele Gemeinsamkeiten fest, wie dass wir und sogar unsere Mütter den gleichen Arbeitgeber hatten. Sie haben gemeinsam vor längerer Zeit beim Arzt und Zahnarzt zusammengearbeitet. Auch die beiden hatten sich auf Anhieb sehr gut verstanden, genauso wie wir. Die Sitzordnung war schnell geklärt. Wir beide mussten nebeneinandersitzen!
Und so begannen unser neuer Lebensabschnitt und eine tolle Freundschaft. Wir gaben einander die Motivation, uns jede Woche erneut in die Schule zu schleppen. Wir lachten viel, machten auch den ein oder anderen Quatsch zusammen. Die

Klassenkameraden bezeichneten uns schon nach kurzer Zeit als ‚gesucht und gefunden'. Kaum war das Gehalt auf dem Konto, fuhren wir in der Pause zu McDonalds. Dabei dachten wir natürlich auch an unsere lieben Klassenkameraden.

Wir beide machen uns den Unterricht erträglich, indem wir viel lachen und quatschen. Der ein oder andere Lehrer ist manchmal auch genervt von uns. Doch die Laune lassen wir uns davon nicht vermiesen. Hin und wieder geht den Lehrern dabei auch ein Lächeln übers Gesicht. Wir beide sind froh, dass wir diesen Weg gemeinsam gehen und wir am Ende nicht nur unser Abschlusszeugnis in den Händen halten, sondern auch eine tolle Freundschaft.

Mal schauen, was die Zukunft noch mit sich bringt. Eine gemeinsame Kindergartengruppe wäre schon toll. Doch die Leitung, die das mitmacht, muss noch gefunden werden. Also, falls Interesse besteht, meldet euch bei uns!

Die Quatschköpfe Anna und Céline

Maren Szymanski
Erinnerungen im Stillstand

Wir leben seit zwanzig Jahren in dem Haus meiner Großeltern, das sie sich 1952 nach Krieg und Flucht in einer Siedlung im Landkreis Celle erbaut haben. Obwohl das Haus umgebaut und renoviert worden ist, sind sie in jedem Raum in stillen Momenten anwesend.

Meine Großeltern, Jahrgang 1905 und Jahrgang 1911, haben mir, dem einzigen Kind in einem Kreis von Tanten und Onkeln, in diesem Haus Geborgenheit und ein Nest gegeben, in dem Träume und Ideen reifen konnten. In diesem Kreis ist, trotz Schicksalsschlägen, gelacht, geliebt und gefeiert worden.

Mein Großvater ist selbstständiger Malermeister gewesen und hat immer einen Auszubildenden gehabt, mit dem er jeden Morgen mit vollgepacktem Kofferraum und der festgeschnürten Leiter auf dem Dach seines VW-Käfers zu seinen Kunden gefahren ist. Die Kunden sind oft Bauern der Umgebung gewesen und haben meinen Großvater in seinen Anfängen gerne in ‚Naturalien' bezahlt.

Meine Großmutter, eine resolute, etwas zur Dramatik neigende Frau, ist für die Buchhaltung zuständig gewesen. Sie, blond, üppig und redegewandt, hat den Bauern die Naturalien wie Hühner, Gänse oder Butter zurückgebracht und das Geld eingefordert.

Ihre Schwester, meine Großtante – klein, zierlich und dunkelhaarig – hat den Haushalt meines Großonkels und ihn ebenso resolut organisiert und durchgetaktet.

Sie haben alle vier anfangs nicht zusammen in diesem Haus gelebt, sind aber eine unzertrennliche Vierertruppe gewesen, die gemeinsam kegelten, feierten und oft die Freizeit miteinander verbrachten.

Ich bin als Kind in dieser Gemeinschaft umsorgt und behütet gewesen. Meine Mutter ist früh Witwe geworden und hat gearbeitet – aber das ist eine andere Geschichte.

Wenn mein Großvater nach der Arbeit nach Hause gekommen ist, habe ich schon auf dem Hof auf ihn gewartet und mit ihm und seinem Auszubildenden den Käfer entladen und die Malutensilien in die Werkstatt gebracht. Seine Malerbekleidung ist dann von meiner Großmutter sofort in einem Einwecktopf mit dem Allzweckzaubermittel ‚IMI' eingeweicht und ausgekocht worden. Schmutzige Malerkleidung – der Lieblingsspruch meiner Großmutter: „Was sollen denn die Leute denken" – ist für diese Frau undenkbar gewesen.

Danach hat er sich gewaschen und umgezogen. In der 2,50 mal 2,50 Meter großen Küche hat er dann seine wieder mitgebrachten ‚Hasenbrote' mit mir geteilt, und dann ist er für mich dagewesen.

Er hat mit mir auf meinem Puppenherd meistens was mit Knoblauch gekocht, was zu einem Platzverweis aus dem Schlafzimmer meiner Großeltern geführt hat. Er hat mir, mit fast 70 Jahren und der Hand am Gepäckträger, Fahrradfahren beigebracht, indem er hinter mir die Straße auf und ab gelaufen ist. Er ist mit mir auf Bäume geklettert und hat mir gezeigt, wie man Kirschkerne gezielt ausspuckt – manchmal zum Ärger der Spaziergänger. Handstand mit Gehen – für ihn kein Problem – hat er mit mir so lange geübt, bis ich es konnte.

Im Sommer hat meine Großmutter mich im Freibad großgezogen und mir Schwimmen beigebracht. Nach Feierabend ist mein Großvater dazugekommen und das abendliche

Picknick ist manchmal mit Pommes und Eis gekrönt worden. Schwimmen ist für meine Großeltern die Verbindung zu ihrer alten Heimat gewesen, sie sind in Swinemünde geboren worden. Das Freibad in der Wahlheimat ist für die beiden die Ostsee in Swinemünde geworden.

Auch Ausflüge in den Wald mit dem VW-Käfer, um Pilze oder Beeren zum Einwecken zu sammeln, sind unvergesslich. Oft hat mein Großvater sich so festgefahren, dass meine Großmutter als Anschieber matschbesprenkelt aus dem Wald herausgekommen ist. Ich glaube, für sie sind das weniger positive Momente gewesen.

Im Winter oder wenn das Wetter schlecht gewesen ist, haben meine Großmutter und ihre Schwester im Wohnzimmer Handarbeitsorgien gestartet. Ich war das Opfer dieser Manie. Wer je einen gehäkelten Bikini getragen hat und damit im Freibad aus dem Wasser gekommen ist, weiß, was ich meine. Ich habe dann einen richtigen Badeanzug bekommen. Die Herren haben währenddessen Schach gespielt. Ich habe heute noch eine Schrankseite voller bestickter Tischdecken. Ich bin allerdings damals auch Nutznießer von wunderschönen selbst gemachten Prinzessinnenkleidern geworden, die die beiden Schwestern für mich genäht haben.

Während dieser Handarbeitsorgien ist auch Tratsch ausgetauscht worden. Der Tratsch ist alldonnerstäglich durch das Kaffeekränzchen meiner Mutter und ihrer Freundin ausgebreitet worden. Wechselseitig haben sich die Damen mit selbst gebrühtem Kaffee, Traumtorten und Likör im Wohnzimmer getroffen, die dazugehörigen Ehemänner sind dann wie durch Zauberhand verschwunden gewesen und erst zur Abholzeit wieder – ich glaube per Zauberstab – aufgetaucht. Aber in meiner Erinnerung ist noch der Duft der Torten, des

Kaffees und von Eckes Edelkirsche in der Nase und das Stimmengewirr in den Ohren.

Die Werkstatt meines Großvaters war auch ein Zauberort, in dem meine Freunde und ich uns an Farben, Schablonen und Werkzeug ausprobieren durften. Mit einer Engelsgeduld hat er mit uns aus Tapetenmusterbüchern und Schuhkartons Puppenstuben gebaut, die von meiner Großmutter und der Tante mit selbst gemachten Teppichen, Gardinen und Wäsche ausgestattet worden sind.

Die schönste Erinnerung habe ich daran, dass meine Großeltern Geschichten erzählt haben. Geschichten, die ich zusammengekuschelt zwischen den beiden gehört habe, die mir vorgelesen worden sind oder die wir uns zusammen ausgedacht haben.

Geschichtenerzähler führen Menschen zusammen, bringen sie zum Träumen und zum Nachdenken, geben den eigenen Gedanken Raum, beflügeln die Fantasie und lassen innehalten.

Ich danke meinen Großeltern dafür, dass sie mir gezeigt haben, dass Fantasie keine Grenzen kennt, dass sie mir Raum und Zeit gegeben haben, um zu wachsen, und dass sie mit mir gelacht, gelebt und geträumt haben.

Arina Sewtschenko
Meine Kinder

Im Moment des Stillstands denke ich oft an meine Kinder, die für mich von unschätzbarem Wert sind. Sie sind die Quelle meiner Freude, meines Stolzes und meiner tiefen Liebe. Die Momente, die wir gemeinsam verbringen, sind kostbar. Von den ersten Schritten bis zu den ersten Worten haben sie mich gelehrt, was bedingungslose Liebe wirklich bedeutet.
In Momenten des Stillstands denke ich an all die Erinnerungen, die wir bereits geschaffen haben, und an die, die noch vor uns liegen. Die Gedanken an meine Kinder erinnern mich daran, wie wichtig es ist, Zeit mit ihnen zu verbringen, ihre Träume und Wünsche zu unterstützen und sie auf ihrem Weg zu begleiten. Sie sind ein Geschenk, das mein Leben reicher und bedeutungsvoller macht.

Überfahren

Rasend schnell kommt ein Auto auf dich zugefahren. Am Steuer sitzt dein größtes Problem. Wie sieht es aus? Warum will es dich überfahren?

Elvan Yavsan
Der Fahrer

Ich stehe am Straßenrand und blicke nach rechts und links. Weit und breit keine Menschenseele. Mir kommt die Straße überdurchschnittlich breit vor. Ich versuche zu schätzen, wie viele Fahrbahnen draufpassen, aber mein Hirn schafft es nicht zu zählen, und ich gebe auf. Intuitiv mache ich mir keine Sorgen, da ich von keiner Gefahr auszugehen habe. Schließlich ist niemand da, vor dem ich mich in Acht nehmen müsste, so sage ich mir.

Um mich herum einfach nur Ferne. Ich kann sie nicht mustern. Es ist, als würde ich durch ein leer getrunkenes Milchglas schauen, alles unklar und weiß. Und doch bin ich überzeugt – hier ist niemand, hier kann niemand sein.

Ich schließe die Augen und atme tief ein. Bei dem Gedanken, über die Straße zu gehen, wird mir ganz heiß und ich spüre, wie erste Schweißtropfen sich auf meiner Stirn bilden. Als hätte ich einen Tick, reibe ich in unregelmäßigen Abständen meine nun auch feuchten Hände an meiner Jeans und frage mich, wie viel Körperflüssigkeit ein Mensch in seinen Handflächen produzieren kann. Die Angst vor dem, was gar nicht da ist, lässt mich vergessen, die eingeatmete Luft auszulassen, und ich schnappe panisch nach mehr. Meine Augen wandern schnell wieder auf die Straße aus Angst, dass sich etwas an der Situation geändert haben könnte. Aber nichts.

Nach einem kurzen Moment fasse ich mich wieder und arbeite darauf hinaus, den ersten Schritt zu wagen. Erst einer, und dann kommt der zweite. Langsam und vorsichtig taste ich mich nach vorne. Jeder Schritt genauso linear wie der andere. Als würde ich auf einem Seil balancieren, nutze ich meine Arme, um mein Gleichgewicht zu halten, und für eine kurze Sekunde scheine ich Fortschritte zu machen. Immer wieder mache ich kleine Pausen, um mich zu versichern, dass weiterhin kein Verkehr herrscht.

Mit jedem Meter werde ich selbstbewusster in meinem Gang und glaube schon fast, König der Straßen zu sein. Man würde glauben, ich erwarte regelrechten Applaus für meine Leistung, und ein Gefühl von Stolz macht sich breit, bis ... ich einen Motor höre. Wie kann das sein? Wie ist es möglich, dass hier jemand ist? Und vor allem: Wer wagt es, auf meiner Straße zu fahren, wo ich mich doch schon so graziös und edel zum König, nein, Kaiser dieser Straße gekrönt habe?

Gemischte Emotionen sammeln sich. Zum einen ein Zorn wegen des unbefugten Betretens, aber auch eine erstickende Angst. Angst vor der Tatsache, dass ich hier doch nicht allein bin.

Nach langem Observieren sehe ich es. Ein schwarzes Auto. Mein Herz rast, und ich überlege den schnellsten Weg zum Straßenrand, aber bevor ich den Gedanken überhaupt fassen kann, ist die Straße auf einmal so breit wie ein Fußballfeld. Ich entscheide mich für den Weg zurück und laufe so schnell ich kann, nur um zu realisieren, dass ich mich keinen Zentimeter vom Fleck bewegt habe. Ich stecke fest. Mitten auf dieser nun noch überdurchschnittlich breit gebauten Straße.

Das Auto fährt rasant direkt auf mich zu. Es wäre ein Leichtes, um mich herumzufahren, aber es trachtet nach mir. Ich kann den Fahrer nicht erkennen, aber das wird sich bei der Geschwindigkeit schon bald ändern. Ich möchte schreien und flehen, dass mich doch jemand rettet vor diesem Hooligan, aber es formt sich weder Ton noch Sprache, und ich bin dem Urteil dieses Autos ausgeliefert.

Erst als es noch wenige Meter vor dem Aufprall sind, erkenne ich das Gesicht des Übeltäters, der nach meinem Leben trachtet, und mir stockt erneut der Atem.

Das bin ich.

Ich selbst bin der Fahrer. Ich bin derjenige, der in mir diese Angst und Furcht erweckt, die es mir schwer macht, über eine Straße zu gehen. Ich, der mir selbst im Weg steht. Ich, der sich selbst kleinmacht, wenn er anfängt, sich stark zu fühlen. Ich, der in mir eine Paranoia auslöst, wie man sie nur in Horrorspielen erlebt. Ich, der sich selbst das größte Problem zu sein scheint.

Es kommt zum Aufprall. Ich wache auf.

Es war alles nur in meinem Kopf.

N. N.
Diese Erkenntnis

Mein größtes Problem. Es ist da und es kommt auf mich zu. Rasend schnell. Doch was ist dieses Problem? Warum kann ich es nicht aufhalten? Diese Frage stelle ich mir ständig. Ständig gibt es Probleme, immer wieder denkt man, schlimmer geht es fast nicht. Doch kaum kommt etwas, bei dem man wieder länger dran zu zweifeln hat, ist das vorherige Problem vergessen.

Probleme sind vergänglich. Was ist es dann, was dort auf mich zufährt und mich überfahren will? Je näher es kommt, desto klarer wird es. Ich bin es selbst. Ich sitze da und will das Problem überfahren und denke, damit ist es erledigt. Doch so wird es nicht sein. Immer wieder werde ich aufstehen und dort stehen, bereit, von mir selbst und meinen Problemen überfahren zu werden. Denn es gibt niemanden, der mir mehr Probleme bereitet als ich selbst.

Mit dieser Erkenntnis kann ich es aufhalten, das Auto. Es stoppt diesmal kurz bevor es mich überfährt.

Mein größtes Problem war ich selbst, indem ich mir selbst im Weg stand und mir alles zum Problem machte, nie aus mir selbst rauskam. Nun gibt es kein Problem mehr, das mich jemals so überfahren könnte.

Charleen Titz
Augen zu und durch

Am Steuer sitzen all meine Ängste und Selbstzweifel, die mich täglich begleiten, groß und mächtig sehen sie aus. Eigentlich will ich weglaufen, denn die Angst geht mir bis zu den Zehen, doch sollte ich nicht über ihr stehen? Sollten sie nicht hier sein und ich dort? Ich bleibe also stehen, denn weglaufen steht nicht mehr zur Frage. Augen zu und durch, wie wird es wohl sein? Ein kalter Luftzug, der so stark ist, dass ich ein wenig nach hinten geschubst werde. Nur noch Stille, kein Ton mehr, kein rasendes Auto mehr, nur mein Herz, das rast. Also öffne ich die Augen, und zu sehen ist …? Nichts. Das Auto und die Ängste darin sind weg. Wohin? Ich versuche es zu verstehen, wie so etwas Großes und Mächtiges plötzlich weg sein kann. Nach langem Nachdenken wird mir klar, dass sie nur eine Vorstellung waren, reine Illusion. Meine Gedanken, die mich täglich begleiten, und auf einmal schienen sie so echt.

Simon Korts
Die Schuld

In dem Auto würde die Schuld sitzen. Sie ist ein Peiniger, sie zieht dich in den Abgrund. Die Schuld würde dort sitzen und probieren, mich zu überfahren. Die Schuld ist mein größtes Problem zurzeit. Ihr zu vergeben, ist schwer. Sie zu verdrängen und nicht mehr an sie zu denken, ist schwer.

Virginia Liessamarie Deicke
Wenn sie mich verfolgt

Alleine stehe ich da, im Dunkeln. Um mich herum ist alles schwarz, das Einzige, was ich sehen kann, sind die leuchtenden Sterne am pechschwarzen Himmel – und ein schwaches Licht, welches von Sekunde zu Sekunde immer stärker wird und auf mich zurast. Aber was ist es? Wieso wird es immer schneller, und warum rast es ausgerechnet auf mich zu? Mehr als acht Milliarden Menschen, und ich muss weglaufen? Aber wovor laufe ich eigentlich weg? Ich stehe hier ganz alleine und fürchte mich vor dem, was auf mich zukommt.
Inzwischen erkenne ich, was auf mich zurast. Ein Auto. Ich versuche zu erkennen, wer dieses Auto fährt, doch durch das blendende Licht kann ich nicht sehen, wer oder was dort drinsitzt. Ich fange an zu laufen, aber wohin? Wohin soll ich laufen, wenn ich nichts sehe? Ich laufe trotzdem los, irgendwohin, Hauptsache weg von dem Auto ... Ich laufe und laufe immer schneller, um mich herum wird es immer dunkler und die Sterne werden immer heller. Ich schaue hoch und

bewundere die Sterne, wie wunderschön sie doch sind. Plötzlich hören alle Sterne am Himmel auf zu glühen. Ich stehe hier und habe fürchterliche Angst. Wovor habe ich Angst? Habe ich Angst, alleine hier zu sein, oder habe ich Angst, nicht alleine zu sein …?

Auf einmal hat es mich wiedergefunden, das Auto. Das Auto, welches mich noch vor ein paar Minuten überfahren wollte. Ich fange erneut an zu laufen, mein Herz schlägt immer schneller und schneller, bis ich anhalte und mich stelle. Erschöpft und voller Angst stehe ich nun vor dem Auto, nach wie vor leuchtet kein einziger Stern am Himmel … doch dann erleuchtet das Licht des Autos, also gehe ich zu ihm und öffne die Tür, um zu sehen, wer oder was mich zu überfahren versucht hat. Als ich hineinschaue, sehe ich keinen Fahrer. Das Auto ist leer. Weit und breit bin nur ich da. Also frage ich mich, wovor ich weggelaufen bin. Ich merke, dass alles, was ich vor mich hin spreche, als Echo wieder zurückkommt, und als ich nach oben in den Himmel sehe, weil ich hoffnungslos nach Antworten suche, leuchtet plötzlich ein einziger Stern den ganzen Himmel aus. Ich bin so fasziniert, was ein einziger Stern beeinflussen kann … Doch dann merke ich, dass ich dieser leuchtende Stern bin, der in meiner dunkelsten Zeit meinen Weg beleuchtet. Doch ich leuchte nicht immer, scheinbar verglüht mein Licht oftmals, und ich verliere mich in der Dunkelheit. Das Auto, welches mich verfolgt hat, war also nicht real, sondern nur meine Angst, nie wieder glühen zu können. Meine Angst, den Weg nicht wiederzufinden. Diese Angst wird mich immer verfolgen – doch sie wird mir nichts tun, sondern sie wird mir jedes Mal aufs Neue beweisen, dass ich allein einen ganzen Himmel erleuchten kann.

N. N.
Es sieht aus wie ich

Wie mein größtes Problem aussieht?
Ganz einfach ... es sieht aus wie ich.
Es sieht nicht nur aus wie ich. Mein größtes Problem bin ich selbst, denn ich werfe mir am meisten Steine in den Weg. Ich frage mich oft, wie ein Mensch sich selbst so sehr hassen kann, wie ich es tue. Manchmal frage ich mich, woher das kommt, aber dann erinnere ich mich daran, dass Menschen mir, seit ich klein bin, das Gefühl gegeben haben, dass ich wenig wert bin. Man sagt, dass man Tausende positive Dinge über sich hören kann, aber es braucht nur einen schmerzvollen Kommentar, und das Positive gerät sofort in den Hintergrund und das Negative bleibt die meiste Zeit in meinem Kopf.

Hannah Mannion
Bin ich bereit?

Selbstzweifel. Fehlendes Selbstbewusstsein. Die Folgen von jahrelangem Mobbing. Fragen über Fragen. Bin ich genug? Bin ich liebenswert? Kann ich das?
Ich will endlich alles loslassen. Soll ich mich von dem Auto erfassen lassen? Dann hat alles ein Ende, und ich kann ruhen.
Oder bin ich bereit zu kämpfen und die beste Version meiner selbst zu werden?
Wenn ich es nicht versuche, werde ich es nie erfahren.

Kimberly Neumann
Ein Zeichen?

Ein Auto kommt auf mich zu. Es fährt immer schneller und schneller. Einen Fahrer sehe ich nicht.
Wer fährt dieses Auto? Warum kommt es so schnell auf mich zu? Hab ich was falsch gemacht?
Das Auto bleibt stehen. Ich höre ein Tick-Tack. Es klingt wie eine Uhr.
Da ist es wieder, mein Problem: Die Zeit.
Wieder ein Zeichen von meiner Oma? Soll ich auf sie hören? Muss ich weniger Hobbys haben? Meine Gedanken raten mir, noch einmal mit meiner Oma darüber zu reden und ihr zu erklären, warum ich so viel mache. Ob sie es verstehen wird?
Meine Oma ist mir sehr wichtig, und sie unterstützt mich auch – nur das mit der Zeit und warum, das kann sie nicht verstehen.

Ida Kosakowski
Wenn sie kommen

Mein größtes Problem,
mein größter Feind.
Ich kann ihn nicht sehen,
ob er weint?

Was ist mein Problem, warum will es mich überfahren? Ich glaube, mein größtes Problem bin ich selbst. Ich weiß nicht, wie ich meine Gefühle zuordnen soll. Manchmal ist es die Zukunft, manchmal das Hier und Jetzt. Meine eigenen Gefühle und Gedanken versuchen mich zu überfahren. Manchmal überrollen sie mich nur und manchmal überfahren sie mich völlig. Sie kommen manchmal viel zu schnell, und ich versuche, ihnen aus dem Weg zu gehen, doch es klappt nicht.

Pascal Streich
Das Unausweichliche umgehen

Die Scheinwerfer, sie blenden mich, während sie immer schneller auf mich zukommen! Ich erstarre vor Angst und kann nicht weg, egal, wie sehr ich versuche, mich zu bewegen. Es fühlt sich an, als würde ich festgehalten werden und wäre der Situation ausgesetzt.

Während ich dabei bin, mein Schicksal zu akzeptieren, versuche ich zumindest zu erkennen, wer oder was mich überfahren will. Wer oder was ist der Grund für mein jähes Ende? Ich kneife die Augen zusammen, um durch den Schein der Scheinwerfer erkennen zu können, was das Auto antreibt.

Und mit großer Anstrengung kann ich es erkennen. Ich kann meinen eigenen Augen nicht glauben: Die Person hinterm Steuer bin ich! Ich selbst rase auf mich zu und will mich erledigen! Warum, denke ich mir, und wie kann das überhaupt sein? Ich versuche es mir zu erklären, doch die Antwort bleibt mir zuerst fern. Bis ich all die letzte Zeit Revue passieren lasse. Und da wird es mir klar und fällt mir wie Schuppen von den Augen. Ich stand mir in letzter Zeit immer selbst im Weg, hab mich selbst gestoppt und aufgehalten. Ich selbst war mein größter Feind!

Plötzlich kann ich mich wieder bewegen, und das gerade noch rechtzeitig. Denn so kann ich noch gerade so dem Auto und damit mir selbst ausweichen. Ich konnte das Unausweichliche umgehen.

Und in dem Moment, als ich zur Seite springe und auf dem Boden aufkomme, werde ich wach und sitze aufrecht in meinem Bett. War das alles etwa ein Traum? Aber es fühlte sich so real an. Ich sitze noch eine Weile in meinem Bett und denke über den Traum und dessen Bedeutung nach. Ich realisiere, dass ich etwas ändern muss, denn ich will weiterkommen und mir nicht mehr selbst im Weg stehen.

Leoni Ratz
Sie lässt mich nicht gehen

Ich renne aus dem Haus, wo ich gerade noch mit meiner Familie gestritten habe. Ich bleibe in Gedanken auf der Straße stehen und schaue um mich herum. Ich sehe in der Ferne ein Auto auf mich zukommen. Am Steuer sitzt etwas Großes, etwas Angsteinflößendes. Als es näher kommt, erkenne ich, was es ist: Es ist die Sturheit, und nicht nur irgendeine, es ist meine Sturheit. In der Zeit, in der ich den Fahrer zu erkennen versucht habe, habe ich nicht bemerkt, wie nah dieses Fahrzeug schon ist.

Doch ich habe nicht vor, von der Straße runterzugehen, ganz im Gegenteil: Ich setze mich hin und warte, bis sie mich überfährt. Doch anstatt mich zu überfahren, bleibt das Auto stehen. Meine Sturheit steigt aus und setzt sich vor mich. Wir gucken uns in die Augen, als ich bemerke, dass ich vorhin vielleicht doch unrecht hatte. Ich will aufstehen, zurück ins Haus gehen und mich entschuldigen, doch das geht nicht. Denn sie, meine Sturheit, hält mich mit ihrem Blick und lässt mich nicht gehen.

Wie hypnotisiert sitze ich nun auf der Straße, mit Schuldgefühlen im Herzen und Kälte im Gesicht.

Träume

Hast du als Kind schon mal in deinem Bett gelegen und einen wunderschönen Traum gehabt oder etwas Unglaubliches geträumt?

Fiona-Marleen Ziegler
Mein schönster Traum

Der schönste Traum, an den ich mich erinnern kann, ist, dass ich in einem schönen großen Landhaus wohne, mit einem Ehemann und drei Kindern. Das Haus steht an einem großen See, drum herum ist nichts außer Wald. Wir sind wunschlos glücklich, haben keinerlei Probleme. An einem Abend sitzen wir draußen und machen ein Lagerfeuer mit Stockbrot und Marshmallows. Es ist sternenklar und am ganzen Himmel sind Sternschnuppen.
Und dann hat der Wecker geklingelt, und ich bin aufgewacht. Ich habe den ganzen nächsten Tag gestrahlt.

Charleen Titz
Nicht nur schöne Träume

Gute Träume hatte ich früher nie, ich habe immer nur von Spinnen oder Ungeheuern geträumt – das Typische, wovor Kinder eben Angst haben. Doch ein schöner Traum muss ja nicht im Schlaf sein, es kann auch eine Vorstellung am Tag sein, davon hab ich viele. Viele Träume, über die ich täglich nachdenke und die manchmal auch wahr werden, aber auch von Albträumen bin ich am Tag geprägt, und auch die werden leider manchmal wahr.

Simon Korts
Traumwelten

Als Kind konnte ich ‚Lucid Dreaming'. Ich habe mir eigene Welten erschaffen, wo ich Verschiedenes konnte. Einmal habe ich mich in dem Traum so reich gemacht, dass ich alles hatte: Privatjets, eine Yacht, verschiedene Autos, ein riesiges Haus und vieles mehr. Am meisten habe ich mich zum Superhelden oder wenigstens mit Superkräften geträumt, ich habe gegen böse Gegner und riesige Monster gekämpft. Ich war sehr stark, schnell, konnte fliegen und hatte Laseraugen, wie Superman. Oder ich habe mich zu Iron Man gemacht. Batman war auch oft dabei, Thor und viele weitere. Ich habe mich auch zum Fußballprofi gemacht, der genauso gut ist wie Messi und sehr erfolgreich. Ich habe auch mal als Basketballprofi in der NBA gespielt, für die LA Lakers. Da war ich ein Top-Star und habe mit Stephen Curry und weiteren Legenden gespielt. Mal war ich ein Pirat, der den größten Schatz der Welt findet und mit seiner Crew gegen andere kämpft und siegt. Am Ende war ich der König der Piraten.

Kimberly Neumann
Mein Traum mit sechs

Ich lag in meinem Hochbett. Damals war ich sechs Jahre alt. Meine Augen waren auf, ich war wach und anwesend. Vorm Schlafengehen haben meine Eltern mir noch etwas vorgelesen.

Nachdem meine Eltern mein Zimmer verlassen hatten, haben meine Gedanken mit mir gesprochen. Sie waren laut und haben sich gestritten. Worüber? Über meine Zukunft als Erwachsene – welcher Beruf ist der beste für mich? Ein Teil meinte: Hebamme. Der andere Teil: Erzieherin. Und dann war da noch etwas: Feuerwehrfrau.

Warum Feuerwehrfrau? Weil Papa und meine Onkel alle in der Feuerwehr sind? ‚Das passt nicht zu mir' – dies war mein erster Gedanke nach den Streitigkeiten im Kopf.

Ich schlief ein. Die Gedanken waren nicht weg. In der Nacht träumte ich von mir als Feuerwehrfrau.

Im Traum hat ein Haus gebrannt – alle Personen waren schon draußen, ihnen ging es gut. Ich bin im Traum Feuerwehrauto gefahren. Nicht alleine – mein Papa, mein Bruder und meine Onkel waren mit dabei. Gemeinsam haben wir das Haus gelöscht. Wir alle waren stolz auf uns, das Feuer besiegt zu haben.

Lange Ruhe hatten wir nicht. Es ging zum nächsten Einsatz. Mit Blaulicht und Martinshorn ging es zu einem Verkehrsunfall.

Dann wachte ich auf.

Wie war der Einsatz? Was haben wir gemacht? Konnten wir helfen?

Diese Fragen blieben unbeantwortet.

Eins kann ich jetzt aber voller Stolz sagen: Ich bin Feuerwehrfrau geworden – auch wenn nur ehrenamtlich.

Eine Welt ohne Internet

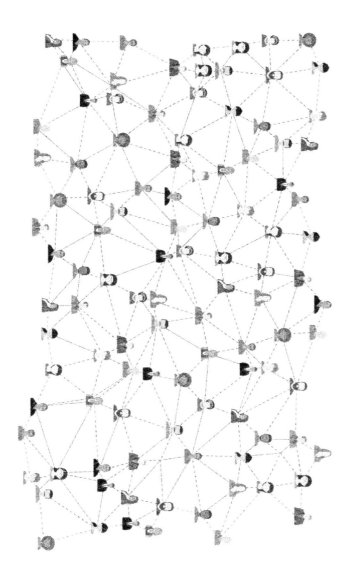

Eine Welt ohne Internet. Was nun?

Nicole Brimm
Bin dann mal weg!

Das war der Satz, den ich meiner Mutter immer zurief, bevor ich mich auf mein Rad schwang und ins Dorf fuhr, um Freunde zu finden. Lange suchen brauchte ich nicht, man fuhr einfach zum allgemeinen Treffpunkt ‚die Mauer'. Dort waren immer drei oder vier Freunde, mit denen man etwas unternehmen konnte. Wenn niemand dort war, fand man mit Sicherheit einen kleinen Zettel in einer bestimmten Ritze der Mauer, wo draufstand, wo sich jemand aufhielt. Das war unser WhatsApp.

N. N.
Heute Morgen ist etwas anders

Es war ein kühler, klarer Morgen. Langsam wurde es immer heller und heller, und bald würde die Sonne am Horizont schon zu sehen sein.
Am Ende des Dorfes Erlental stand ein schmuckes Haus. Es sah irgendwie gewöhnlich aus, unterschied sich jedoch trotzdem von allen anderen Häusern des Dorfes. Doch auf den ersten Blick konnte man nicht erkennen, was an diesem Haus so anders war.
Oben tat sich eben grad ein Fenster auf und ein blondhaariger Junge von etwa 13 Jahren steckte den Kopf heraus. An seinem Blick konnte man erkennen, dass heute an diesem Morgen etwas anders war. In seinen Blicken sah man lauter Fragezeichen, und er murmelte unverständliche Worte. Den

Himmel suchte er ab, als ob etwas auf ihn zugeflogen kommen müsste, doch nach einer Weile trat er aus dem Fenster, und alles lag ruhig und still im Glanz des ersten Sonnenstrahls an diesem Morgen.

Doch nach etwa einer halben Stunde ging die Haustür auf und der Junge trat mit einem Rucksack auf dem Rücken aus der Tür. Plötzlich drehte er sich ruckartig um und verschwand im Haus, kam kurz danach wieder, vergaß, die Tür zu schließen, und strebte auf das Gartentürchen zu, wollte die Straße hinuntergehen, als er beim Umdrehen die noch offene Haustür bemerkte und zurücklief, um sie zu schließen.

Etwas Seltsames lag in der Luft. Beim Beobachten des Verhaltens dieses Jungen konnte man es deutlich sehen. Als endlich der Junge – Thomas hieß er, wie sich später herausstellte – alles Vergessene im Rucksack hatte, traf man ihn an einer Bushaltestelle wieder. Lasst uns mal lauschen, was Thomas mit seinem Freund bespricht, denn irgendwie müssen wir das Seltsame ja herausfinden …

„Moin Thomas, was geht?" Emil kommt ihm entgegen.

„Hallo Emil", sagt Thomas nachdenklich. Doch plötzlich schaut er Emil durchdringend an. „Emil, ich weiß nicht, bin ich verrückt geworden? Irgendwie ist alles komisch. Mein Handy ist heute wie tot. Es funktioniert gar nichts mehr. Selbst wenn ich es anschließe, geht nichts mehr. Nun, das ist nicht so schlimm, Dad wird mir bestimmt ein neues kaufen. Aber ich fühle mich so unkontrolliert und seltsam. Unser Internet funktioniert wohl nicht mehr …"

„Klar, bei uns auch nicht. Viele Stromleitungen sind nach dem Sturm dieser Nacht komplett zerstört. Und da wir keine Nachrichten durch das Internet mehr bekommen, entschloss ich mich, zur Bushaltestelle zu gehen, um zu sehen, ob die

Busse fahren. Jetzt sind wir zu zweit und ich muss nicht alleine warten. Komm, setzen wir uns auf die Bank."

„Hä? Welche Bank?", fragt Thomas verdutzt.

„Na, die hier." Emil zeigt mit dem Finger auf eine Bank. „Du hast mal wieder keinen Orientierungssinn ohne dein Viereck", damit meint er das Handy.

„Selber Viereck", macht Thomas ein Gesicht.

„Na, brauchst nicht gleich so aufbrausen."

Die Jungen saßen auf der Bank und es entwickelte sich ein spannendes Gespräch. Es ist erstaunlich, wie unterschiedlich die Ansichten zum Internet sind.

Bestimmt bist du sehr gespannt auf die neue Lebensart ohne Internet, doch bleibt es hier geheim, denn so geheim die Geschichte ist, so würde es in Wirklichkeit sein, wenn es plötzlich kein Internet mehr geben würde.

Kimberly Neumann
Meine Welt ohne Internet

Eine Welt ohne Internet ist sehr wertvoll und wertschätzend. Als kleines Mädchen und auch im Jugendalter war ich viel draußen – alleine, mit meinem Bruder oder mit meiner ganzen Familie. Es hat immer viel Spaß gemacht. Wir sind viel Fahrrad gefahren, waren spazieren oder einfach am Meer.
So würde auch heute meine Welt aussehen. Raus in die Natur. Ein Picknick machen, am Strand liegen, Bücher lesen. Nachrichten nur übers Radio mitbekommen. Keine Handys, Musik und Hörspiele laufen über CD-Player.

Sophie Dickmann
Vielleicht ...

Eine Welt ohne Internet, eine nette Vorstellung ... Was würde ich tun, so ganz ohne Social Media? Vielleicht einfach mal den Moment genießen, kein Stress, was verpassen zu können, das eigene Leben mal selbst richtig wahrnehmen. Kein Ausmalen eines Lebens, das ich selbst nicht führe. Das eigene Leben mit all seinen Facetten mal schätzen lernen, nicht darauf schauen, was andere haben und ich nicht.
Social Media ist wie ein täglicher Wettkampf: ‚Wie kann ich allen Menschen beweisen, wie perfekt mein Leben ist?' ... Aber wofür? Reicht es nicht, wenn wir einfach selbst wissen, dass unser Leben perfekt ist? Warum machen wir uns den Druck, uns anderen beweisen zu müssen?
Vielleicht wäre eine Welt ohne Internet mal ganz gut.

Pascal Streich
Das Internet, Segen und Fluch?

Internet. Ein jeder kennt es, und fast jeder hat es. Sei es auf dem Handy, auf dem PC oder anderen Geräten, mittlerweile sind wir alle durch das Internet miteinander verbunden. Hier mal eine schnelle Nachricht und da mal dem besten Freund kurz ein Meme geschickt. Das Internet macht es möglich und vor allem schnelllebig. Man sieht es in Bussen, Zügen, und auch wenn man mal durch die Stadt geht. Die Blicke gehen fast alle nach unten auf die Handys, und man guckt einander nicht mehr an. Wie wäre es wohl, wenn von jetzt auf gleich das Internet weg wäre? Was würde passieren, wenn man keine Bilder von seinem Essen oder süße Katzenfotos mehr teilen könnte? Würden die Leute die Bilder ausdrucken und damit umherlaufen, damit die anderen die geteilten Werke auf jeden Fall sehen? Ist man mittlerweile so sehr auf diese Aufmerksamkeit angewiesen? Oder würde die Welt vielleicht sogar in ein Chaos stürzen, weil niemand mehr was mit seinem Leben anzufangen wüsste? Man hat verlernt, sich unabhängig zu beschäftigen und zu kommunizieren. Wie war es als Kind? Wir sind mit unseren Fahrrädern zu Freunden gefahren, um zu fragen, ob sie Zeit haben. Unsere Großeltern haben es auch geschafft, ohne Internet klarzukommen, ohne Internet den Kontakt zu Freunden zu halten. Und heutzutage schafft man es nicht mehr, geradeaus zu laufen, ohne nach unten aufs Handy zu gucken. Sind das Internet und die heutige Technik also vielleicht doch nicht nur ein Segen, sondern eventuell auch ein Fluch?

Leon Blumberg
Eine neue Welt

Es war ein normaler Tag für Egon. Er saß in der Schule wie fast jeden Tag. Seine Begeisterung für die Schule war eher gering. Er war ein durchschnittlicher Schüler und hatte eher Lust, was Praktisches zu machen.

Egon hatte gerade Deutsch, als alles anfing. Als Frau Meyer gerade die Deutscharbeiten austeilte, erklang ein lautes Geräusch. Alle Handys fingen an zu klingeln und eine Warnmeldung tauchte auf. Dazu erklangen überall die Sirenen. Die Schüler dachten sich nichts dabei und machten wie gewohnt weiter.

Nach ungefähr fünf Minuten wurde alles still. Helle Farben tauchten auf einmal am Himmel auf. Ein Schüler sagte: „Das sieht aus wie Nordlichter!"

„Das kann nicht sein", sagte ein weiterer Mitschüler.

„Wir sind in Deutschland und es ist helllichter Tag", antwortete Egon.

Plötzlich gingen alle Lichter aus und alles, was mit Strom zu tun hatte, funktionierte nicht mehr. Handys, Laptops, Tablets und so weiter waren kaputt. Egon machte sich langsam Sorgen und wollte einfach nur nach Hause.

Nachdem der Strom kurze Zeit später immer noch nicht funktionierte, beschloss die Schule, alle Schüler nach Hause zu schicken. Egon fuhr mit dem Fahrrad nach Hause und bemerkte, dass auf den Straßen großes Chaos herrschte. Als er zu Hause angekommen war, war auch schon sein Vater dort. Der Vater war panisch und er packte alle wichtigen Sachen zusammen, um sie ins Auto zu räumen.

„Egon!", sagte der Vater. „Pack deine Sachen zusammen, wir müssen los!"

Ergon erschrak im ersten Moment, da er seinen Vater so nicht kannte. Sein Vater war ein ruhiger, rücksichtsvoller und empathischer Mann. In diesem Moment wusste Egon nicht, was er tun sollte. Er fragte seinen Vater, was denn los sei. Der Vater antwortete darauf: „Dafür haben wir gerade keine Zeit. Pack schnell deine Sachen zusammen. Ich erzähle dir gleich alles, wenn wir im Auto sitzen!"

Egon rannte in sein Zimmer und packte alle wichtigen Sachen zusammen. Als er wieder rausging, saß sein Vater bereits im Auto. „Egon, schnell!", sagte der Vater.

Er packte schnell seine Sachen ins Auto und stieg ein. Der Vater drückte aufs Gaspedal und fuhr los. Egon fragte noch einmal, was denn los sei.

Der Vater antwortete darauf: „Du weißt doch, dass ich als Meteorologe beim Wetterdienst arbeite. Wir haben zu spät eine wichtige Entdeckung gemacht. Ein gewaltiger Sonnensturm hat sich in Richtung Erde bewegt und uns getroffen."

„Deswegen gingen die Warnsignale an und wir haben in der Schule Nordlichter am Himmel gesehen."

Der Vater nickte. „Wir müssen zu mir zur Arbeit, da haben wir einen Schutzbunker und einen Generator, der manuell betrieben wird."

Plötzlich gab es ein lautes Geräusch. Bevor Egon es realisieren konnte, geschah es schon. Ein anderes Auto krachte von der Seite in ihr Auto rein.

Als Egon nach einer gewissen Zeit wieder zu sich kam, lag das Auto kopfüber im Graben. Er kroch langsam aus dem Auto heraus. Danach wollte er schauen, wie es seinem Vater ging. Der Vater reagierte auf Egon nicht. Nach ein paar Minuten regte sich der Vater und Egon war erleichtert. Er steckte im Auto fest und kam nicht heraus. Der Vater war schwer verletzt, und jede Bewegung, die er machte, war sehr schmerzhaft.

Auf einmal fing das Auto an zu qualmen. Aus dem Rauch entwickelte sich ein Feuer. Egon wurde panisch und schlug gegen das Auto, um seinen Vater irgendwie zu befreien.

„Stopp! Mein Sohn, hör mir genau zu."

Egon weinte: „Nein, ich hol dich da raus."

Der Vater antwortete: „Du musst dich beruhigen. Bring dich in Sicherheit. Du musst zum Wetterdienst, da bist du sicher! Lauf zehn Kilometer diese Straße hinunter. Danach musst du nur noch durch ein kleines Waldstück gehen, dann bist du da. Wenn du jemanden siehst, kannst du Hilfe schicken und ich komme hinterher. Ich liebe dich, mein Sohn. Du schaffst das auch ohne mich. Wir treffen uns dann beim Wetterdienst."

Als Egon das verarbeitet hatte, sagte er: „Wie soll ich das ohne dich schaffen? Du stirbst, wenn ich dich hierlasse!"

Der Vater wurde lauter und sagte: „Geh jetzt, Egon, es wird Zeit."

Egon ging langsam vom Auto weg. Als er ungefähr fünfzig Meter vom Auto weg war, guckte er nach hinten. Das Feuer wurde immer größer, und auf einmal – kaboom! Das Auto ist explodiert.

Egon rannte zurück zum Auto und weinte. Er schrie: „PAPA!"

Sein Vater war tot, und Egon brach vor Trauer zusammen. Als er sich irgendwie aufraffen konnte, sagte er sich: „Ich muss zum Wetterdienst, um das zu tun, was mein Vater von mir wollte, und mich in Sicherheit bringen."

Das war der Anfang von Egons Reise durch eine neue und ungewohnte Welt!

Die Welt steht still

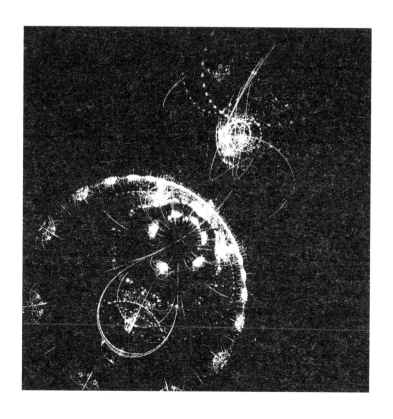

Die Welt steht still. Du kannst an alle Orte gehen. Wohin gehst du und warum?

E. S. Y.
Klares Ziel

Wenn die Welt
still steht und ich
an alle Orte gehen kann,
gehe ich dorthin, wo ich
herkomme, dorthin, wo
meine Wurzeln sind.

Ich gehe dorthin, wo
die Familie vereint ist.
Der schöne, antike
und magische Ort.
Das wunderschöne
Mesopotamien.

Jessika Strüh
Für Dich!

Die Welt steht still – weil ich an Dich denke.
Wir hatten so wenig Zeit für uns.
Angeschaut hast Du mich nie.
Ich habe es geschafft, Dich anzuschauen.
Dir habe ich eine schöne Reise gewünscht.
Ich denk an Dich – jeden Tag!

Sophie Dickmann
Mit Menschen gehen

Wo ich hingehen würde, wenn die Welt stillstehen würde? Ich weiß es nicht ... Es gibt so viele schöne Orte, die ich sehen möchte, und doch finde ich es schwer, mich auf einen festzulegen. Soll ich mich für die Strände auf Fuerteventura, die großen Städte in den USA oder doch für die Natur in Norwegen und Schweden entscheiden? Ich weiß es nicht ... Aber ist dies nicht auch unbedeutend, solange wir mit Menschen dort sind, mit denen wir aus bloßen Orten Erinnerungen machen?

Jan Kathke
Woanders

Die Welt ... Die Welt steht still. Wie kann die Welt, die eigentlich immer in Bewegung ist, stillstehen? Etwas muss passiert sein. Kann ich etwa die Zeit nach meinem Belieben kontrollieren, oder ist die Welt dem Untergang geweiht? Ich schaue aus dem Fenster. Die Person, welche sich gegenüber der Straße befindet, wirkt wie eingefroren. Ein Bein in der Luft ... zum Voranschreiten auszuholen ... doch steht sie still. Bis in alle Ewigkeit ...
Dieses Bild erinnert mich an mich selbst. Ich selbst befinde mich im Stillstand. Kein Weg führt voran, alle weiteren Wege sind blockiert. Offene Türen sind plötzlich verschlossen. Ich halte es nicht mehr aus. Ich muss hier raus! Aber wie? Wie soll ich einer Welt entkommen, welche stillsteht, am Ende ihres

Lebens angekommen ist oder vielleicht sogar tot ist? Wie stelle ich das an? Wie kann ich das Unmögliche in die Tat umsetzen?

Just in diesem Moment höre ich das Öffnen einer Tür. Die Tür, welche eigentlich in mein Schlafzimmer führt. Ich gehe hinein, schließe meine Augen und lasse den Moment wirken.

Eine Insel! Ich befinde mich auf einer Insel!? Aber wie? Ich war doch gerade noch in meinem Schlafzimmer?!

Soll das ein Weckruf sein? Ein Weckruf aus meiner nicht endenden Misere? Auf dieser Insel ist alles so schön, statt grauer Betonbauten und Himmel ein strahlend blauer Himmel, ein unendlich wirkendes, weites Meer, welches meine noch nie vorhandene Freiheit offenbart, verbunden mit einem glitzernden Sandstrand. Ich bin immer noch perplex, da muss doch ein Irrtum vorliegen. Ich verstehe nichts mehr ... ein reines Tohuwabohu.

Ein unbehagliches Gefühl breitet sich in mir aus. Trotzdem freue ich mich darüber, dass ich aus meinem alten Trott rauskomme und mein Leben endlich in vollen Zügen genießen kann. Die Welt scheint auch nicht mehr stillzustehen. Tage und Nächte verstreichen.

In weiter Ferne zieht ein Sturm auf, welcher näher zu kommen scheint. Langsam holt mich mein altes Leben ein. Ich spüre, wie etwas nicht stimmt. Der Sturm kommt näher, verdunkelt den gesamten Himmel, die ganze Insel. Überall Dunkelheit, Schatten tauchen auf. Die Schatten greifen mich, ziehen an mir! Sie zerren mich über die Insel. Was wollt ihr von mir?! Lasst mir meine neu erlangte Ruhe, mein neu erlangtes Leben!

Plötzlich höre ich wieder eine Tür. Ich möchte nicht zurück, lasst mich bitte ... Die Schatten drücken mich über die Türschwelle.

„Das Paradies ... es endet hier", flüstert mir einer der Schatten zu. Was meint er damit? Warum sagt er so etwas?

Die Tür geht zu. Aus Reflex schließe ich meine Augen. Ich öffne sie und merke: Ich stehe in meinem Zimmer ... Warum? War das alles nur ein Tagtraum? War ich nie woanders? Warum kann ich der Welt, meiner Welt, nicht entkommen?

Nele Wilmsen
Die Welt steht still

Seit du weg bist,
rast die Zeit um mich herum, aber meine Zeit
steht still.

Wenn die Welt stillsteht und ich
hinreisen könnte, wohin ich will,
wäre es kein Ort auf Erden.
Hoch in den Himmel.
Euch ein letztes Mal sehen,
glücklich, vereint.

Vielleicht würde meine Welt
sich dann wieder weiterdrehen.

Kimberly Neumann
In Schweden geht es mir gut

Hallo Lisbeth, hallo Hasse,
bei mir im Kopf steht die Welt still. Ich komme aus meinem Riesenloch nicht raus. Mama und Papa können mir nicht helfen. Mir fehlt die Freiheit hier zu Hause. Ich muss hier weg.
Mein Ausweg? Weg von zu Hause, weg von Deutschland. Lange rege ich mich über dieses Land schon auf.
Meine Lösung: Auswandern nach Schweden. Bei euch fühle ich mich frei. Die Menschen sind hilfsbereit, offen, fröhlich, nett. Bei euch habe ich die Natur und alles, was mir hier fehlt. In Schweden geht es mir gut.
Liebe Grüße
Kimi

Das macht mich besonders

Jeder der Mitwirkenden hatte die Möglichkeit in zwei/drei Sätzen zu schreiben, warum er ‚besonders' ist.

Lara Beckmann

Ich bin Lara Beckmann und ich bin einzigartig, weil ich nie aufgegeben habe, egal, wie viele Gründe es zum Aufgeben gab. Ich suche weiter das Licht im Leben, bis ich vergessen habe, dass es diese Dunkelheit gab.

Leon Blumberg

Ich bin Leon Blumberg, 24 Jahre alt. Ich bin was Besonderes, weil meine Freunde mich als liebevoll und Sicherheitshafen sehen.

Manja Borowski

Ich bin Manja und bin besonders einfühlsam.

Nicole Brimm

Ich bin Nicole Brimm, bin alt, aber knackig, und genieße mein Leben frei nach dem Motto: ‚Gestört, aber geil!'

Nina Dahl

Ich bin Nina, bin 19 Jahre alt. Ich bin etwas Besonderes, weil ich denke, jeder Mensch ist besonders, wie er ist. Zudem bin ich ein sehr guter Zuhörer und helfe jedem.

Virginia Liessamarie Deicke

Ich bin Virginia und etwas Besonderes, weil ich immer wieder angefangen habe zu glühen, obwohl mein Licht gelöscht wurde.

Federica Di Domenico

Ich bin Federica. Ich bin was Besonderes, weil ich sehr charakterstark bin.

Sophie Dickmann

Ich bin Sophie Dickmann und ich bin besonders, weil ich ein sehr liebevoller, aber zurückhaltender Mensch bin.

Elizaveta Drachenberg

Ich bin Lisa und ich bin besonders, weil ich eine positive und fröhliche Art habe. Ich bin immer für einen da und bin immer am Lächeln.

Kari Lucia Fendler

Warum bin ich besonders?
Genaugenommen bin ich, wie jede*r hier in diesem Buch, ein wenig ziellos, aber gewillt, mich dem Leben zu stellen und mein Ziel zu finden.

Ramona Gumz

Ich bin einzigartig, weil ich ich selbst bin, mit all meinen Fehlern und Stärken.

Hailie Jade Gurr

Ich bin Hailie Jade Gurr, und warum bin ich was Besonderes? Ich weiß es ehrlich gesagt nicht, genau deswegen möchte ich mich durch eine Weltreise besser kennenlernen.

Patricia Heiser

Mein Name ist Patricia Heiser, ich bin 17 Jahre alt und mir wurde gerade die Aufgabe gestellt zu sagen, warum ich etwas Besonderes bin. Es ist eine schwere Frage, aber ich würde sagen, dass ich besonders bin, weil ich einfühlsam bin und anderen Menschen gerne Liebe gebe.

Aileen Igelbrink

Ich bin Aileen, 17 Jahre alt, und ich denke, dass ich etwas ‚Besonderes' bin, weil ich gutmütiger und warmherziger bin als die meisten Menschen. Auf diese Eigenschaften bin ich sehr stolz.

Leonora Kamke

Ich bin etwas Besonderes, weil Gott wollte, dass es mich einmal geben soll und weil ich eine Gebetserhörung meiner Eltern bin. Gott hat mich als Geschenk den besten Eltern geschenkt.

Jan Kathke

Ich bin besonders, weil ich sehr viel Humor habe, wodurch ich jeder Person ein Lächeln ins Gesicht zaubere.

Simon Korts

Ich bin Simon Korts. Ich bin ein sehr hilfsbereiter und meines Erachtens ein netter Mensch.

Ida Kosakowski

Ich bin Ida, bin 17 Jahre alt und komme aus Celle, ursprünglich aber aus Lübeck, wo mein Herz auch immer noch ist. Ich finde an mir persönlich nichts Ausschlaggebendes besonders, weil jedes Individuum sich mit den Kleinigkeiten im Leben die Besonderheit gibt.

Celine Kühn

Warum bin ich besonders? Meine Lebensaufgabe ist es, anderen Menschen das Leben erträglicher zu machen. Ich arbeite hart an mir selbst, um meinen Kindern eine schöne Zukunft zu ermöglichen.

Florian Kunert

Ich bin besonders, weil ich ich bin, ein Mensch mit Stärken und Schwächen.

Cordula Kuper

Ich bin Cordula Kuper und genieße mein Leben frei nach dem Motto: ‚Gestört, aber geil!' :-P

Hannah Mannion

Ich bin besonders, weil ich Hannah Mannion bin. Ich höre zu, gebe Ratschläge, bin jedermanns ‚ride or die'. Unikate kann man nicht beschreiben, man muss sie erleben!

Manuela Marwede

Ich bin einzigartig, weil ich genauso bin, wie ich bin. Mit all meinen Schwächen und all meinen Stärken. Mit meiner positiven Art kann ich viel Gutes bewirken.

Kimberly Neumann

Ich bin einzigartig, weil …
… ich Menschen helfe.
… ich musikalisch bin.
… ich kreativ bin.

Marie Niemann

Ich bin Marie und etwas ganz Besonderes, da ich einzigartig bin. Weil ich auch an mir selbst arbeite und reflektiere und ganz fest an eine bessere Zukunft glaube. Ich bin stolz auf mich.

Gian Luca Piruzdad

Ich bin besonders, weil ich immer ruhig und gelassen bin. Ich höre jedem gerne zu und interessiere mich für das meiste. Ich bin besonders, weil ich auch meine Schwächen sehe, sie akzeptiere und mich bessern möchte.

Leoni Ratz

Ich bin Leoni und ich bin besonders, weil mir egal ist, was andere über mich denken, auch wenn es meistens nicht danach aussieht.

Anna-Malin Rienass

Ich bin Anna. Ich bin besonders, weil meine Eltern mir den Namen meiner Uroma Anna Johanna Elfriede gegeben haben, was mich stolz macht. Außerdem bin ich besonders, weil ich viele Locken und eine ansteckende Lache habe.

Johanna Scheithauer

Ich bin Johanna Scheithauer, ich bin meist die Ruhe in Person und blicke stets optimistisch in die Zukunft. Ich bin ein Träumerle, aber auch ein guter Zuhörer.

Alina Seelkopf

Ich bin Alina Seelkopf und bin besonders, weil ich trotz meiner faulen Art versuche, alles perfekt zu machen.

Carola Steyer

Ich heiße Carola und freue mich, dass ich mit meiner guten Laune Menschen erreichen und mitreißen kann.

Pascal Streich

Ich bin Pascal und 23 Jahre alt. Ich denke, dass ich etwas Besonderes bin, weil für mich andere immer an erster Stelle stehen und ich mich selbst als zweitrangig einstufe.

Jessika Strüh

Warum bin ich besonders?
Mir wurde gesagt, dass ich besonders bin, da ich mir das Leuchten der Begeisterung, das Kinder mit ihren Augen sagen können, als Erwachsene bewahrt habe. Meine Augen können begeistern.

Maren Szymanski

Ich bin Maren und liebe es, Geschichten zu hören und mir erzählen zu lassen. Außerdem liebe ich es zu lachen und zum Lachen zu bringen.

Tim Szymanski

Ich bin besonders, weil es von mir nur eine Sorte gibt.

Charleen Titz

Ich bin Charleen und ich bin besonders durch meine Art, wie ich durch das Leben gehe. Mit Freude und Offenheit bereichere ich jeden Tag das Leben anderer.

Judith Wenderoth

Ich bin Judith Wenderoth und ich bin einzigartig. Mein Charakter und meine positive Art machen mich besonders. Egal was kommt, mein Lachen bleibt.

Nele Wilmsen

Mein Name ist Nele Wilmsen. Ich denke, jeder ist etwas Besonderes, da wir alle einzigartig sind. Ich denke, jeder hat Merkmale, die ihn besonders machen, und was genau das bei mir ist, muss ich noch herausfinden.

Lea-Marie Zenner

Ich bin besonders, weil ich in allem versuche, das Positive zu sehen (meistens jedenfalls).

Fiona-Marleen Ziegler

Ich bin Fiona-Marleen und etwas Besonderes, weil ich Leute in den schlimmsten Momenten aufmuntern und sie zum Lachen bringen kann. Ich gebe immer gute Ratschläge und kann sehr gut zuhören.

Cindy Zschiesche

Ich bin besonders, weil ich mich neuen Herausforderungen stelle, sie annehme und immer das Beste daraus mache.

Inhaltsverzeichnis

Einleitung
Schreiben als ein Versuch, zu sich selber zu finden   5

Leben ist Game   11
Hannah Mannion	Irgendwann ist das Spiel vorbei	13
Pascal Streich	So funktioniert das Spiel	14
Tim Szymanski	Das System verstanden	16
Florian Kunert	Wie ‚Sims' – aber schwieriger	17

Sternschnuppen für dich   19
Hailie Jade Gurr	Grafik	19
Manuela Marwede	Glaub an dich	21
Kimberly Neumann	Viele Ziele	22
Carola Steyer	Gereimte Sternschnuppen	22
Nina Dahl	Wunschgespräch im All	23
Marie Niemann	Sternschnuppe mit Selbstgewissheit	25
Rico Staszewski	Die liebende Hand	26
Florian Kunert	Eine neue Zivilisation gründen?	27
Ida Kosakowski	Vernunft in der Zukunft	29
Hannah Mannion	Vor allem Glück	30
Aileen Igelbrink	Anderer Menschen Leben bereichern	30
Jessika Strüh	Eine romantische Wirklichkeit	31
E. S. Y.	Jeder Wunsch ist wichtig	32

Manuela Marwede	Voller Wärme	33
Tina Roth	Grafik	34

In einer Kiste 35

Lara Beckmann	Endlich Entfaltung	37
Jessika Strüh	Lass mich mein Leben leben	38
Charleen Titz	Welch fürchterlicher Albtraum	39
Lea-Marie Zenner	Selbsterkenntnis	40
N. N.	Eine tolle Kiste	42
Celine Kühn	Das Karussell	43
Marie Niemann	Endlich befreit	46
Kimberly Neumann	Die Zeitkiste	47
Nina Dahl	Ein Zeichen für etwas?	48
Ramona Gumz	Die Zeit	49
Patricia Heiser	Die Komfortzone	50
Hannah Mannion	Ungewissheit	51
Kari Lucia Fendler	Die schüchterne Erinnerung	52
Aileen Igelbrink	Außendruck	53
Tim Szymanski	Sinnsuche	53
Alina Seelkopf	Gibt es eine Befreiung?	55
Hailie Jade Gurr	Das Leben	56

Happy Place 59

Carola Steyer	Was mit alles guttut	61
N. N.	Als könnte ich fliegen	61
Leonora Kamke	Mein Tagebuch	62
Fiona-Marleen Ziegler	Orte für die Ruhe im Kopf	65
Hannah Mannion	Manches ist lebenswert	66
Ramona Gumz	Der Duft der Ruhe	66

Aileen Igelbrink	Die Arme meiner wichtigsten Person	67
Alina Seelkopf	Mein Happy Place ist kein Ort	68
Leoni Ratz	Noch träume ich	68
Johanna Scheithauer	Traumort in der Natur	69
Cindy Zschiesche	Hier fliegt die Zeit	70
Sophie Dickmann	Mein unruhiger Happy Place …	71
Ida Kosakowski	Mein Wohlfühmensch	71
Jessika Strüh	Mein wunderbares Haus	72
Judith Wenderoth	Es wird immer unvergesslich sein	73
E. S. Y.	Natur	74
Kimberly Neumann	Orte, an denen ich ich sein kann	75
Arina Sewtschenko	Meine Insel im Alltag	76

Rasend schnell bewegt sich die Zeit 77

Charleen Titz	Alleine im Fantasie-Haus	79
N. N.	Stehe ich mir selbst im Weg	80
Patricia Heiser	Die Zeit rast. Ich bleibe stehen	81
Alina Seelkopf	Allein in die Welt?	82
Lara Beckmann	Gefangene der Zeit	83
Federica Di Domenico und Elizaveta Drachenberg	Freundschaft überlebt die Zeit	84
Ramona Gumz	Am Ende ist es Glück	85

Kimberly Neumann	Zukunftsängste	86
Fiona-Marleen Ziegler	Könnte man die Zeit doch langsamer laufen lassen	87
Nina Dahl	Mit der Zeit verschärfen sich die Probleme	88
Nicole Brimm	Schrödi	89
Jan Kathke	Die Zeit steht still	90
Ida Kosakowski	Rasende Vergänglichkeit der Liebe	92
Hannah Mannion	Das innere Kind in mir	93
N. N.	Die Kindheit ist vorbei	94
Ashley-Quiana Campbell	Mit der Zeit rennt die Zeit	95
Cordula Kuper	Erinnerungen bleiben	98
Aileen Igelbrink	Wenn die Gedanken zu viel werden	99
N. N.	Wer bist du?	100
Kari Lucia Fendler	Eine Ode an die Freude	101
Arina Sewtschenko	Zeit erleben	104

Momente der Stille — 105

Nele Wilmsen	Stillstand	107
Manuela Marwede	Hey Daddy,	108
Cordula Kuper	Herzlichen Glückwunsch	110
Carola Steyer	Herzensmensch	110
Charleen Titz	Immer bei mir	111
Manuela Marwede	An mein Kind	112
Janis Rienass und Anna-Malin Rienass	Wir sagen Danke	112
Céline Heidenreich	Familie	114
Lara Beckmann	Du – dort, wo ich hingehöre	115

Nicole Brimm und Cordula Kuper	Wie Topf und Deckel, als das alte Ehepaar sich kennenlernte	117
Nina Dahl	Oma und Opa	119
Kimberly Neumann	Damals und heute	121
Manuela Marwede	An meinen Mann	122
Fiona-Marleen Ziegler	Was, wenn alle fort sind?	123
Cordula Kuper	Alles begann mit einem Blick	124
Sophie Dickmann	Meine beste Freundin	125
Hannah Mannion	Zwei Menschen	126
Céline Heidenreich	Mit einem „Hey" fing alles an	127
Gian Luca Piruzdad	Nicht allein	129
Anna-Malin Rienass und Céline Heidenreich	Der erste Schultag	130
Maren Szymanski	Erinnerungen im Stillstand	132
Arina Sewtschenko	Meine Kinder	136

Überfahren 137

Elvan Yavsan	Der Fahrer	139
N. N.	Diese Erkenntnis	142
Charleen Titz	Augen zu und durch	143
Simon Korts	Die Schuld	144
Virginia Liessamarie Deicke	Wenn sie mich verfolgt	144
N. N.	Es sieht aus wie ich	146
Hannah Mannion	Bin ich bereit?	147
Kimberly Neumann	Ein Zeichen?	147

Ida Kosakowski	Wenn sie kommen	148
Pascal Streich	Das Unausweichliche umgehen	149
Leoni Ratz	Sie lässt mich nicht gehen	150

Träume 151

Fiona-Marleen Ziegler	Mein schönster Traum	153
Charleen Titz	Nicht nur schöne Träume	154
Simon Korts	Traumwelten	155
Kimberly Neumann	Mein Traum mit sechs	156

Eine Welt ohne Internet 159

Nicole Brimm	Bin dann mal weg!	161
N. N.	Heute Morgen ist etwas anders	161
Kimberly Neumann	Meine Welt ohne Internet	164
Sophie Dickmann	Vielleicht ...	165
Pascal Streich	Das Internet, Segen und Fluch?	166
Leon Blumberg	Eine neue Welt	167

Die Welt steht still 171

E. S. Y.	Klares Ziel	173
Jessika Strüh	Für Dich!	173
Sophie Dickmann	Mit Menschen gehen	174
Jan Kathke	Woanders	174
Nele Wilmsen	Die Welt steht still	177
Kimberly Neumann	In Schweden geht es mir gut	178

Das macht mich besonders	179
Lara Beckmann	181
Leon Blumberg	181
Manja Borowski	181
Nicole Brimm	181
Nina Dahl	181
Virginia Liessamarie Deicke	182
Federica Di Domenico	182
Sophie Dickmann	182
Elizaveta Drachenberg	182
Kari Lucia Fendler	183
Ramona Gumz	183
Hailie Jade Gurr	183
Patricia Heiser	183
Aileen Igelbrink	184
Leonora Kamke	184
Jan Kathke	184
Simon Korts	184
Ida Kosakowski	185
Celine Kühn	185
Florian Kunert	185
Cordula Kuper	185
Hannah Mannion	186
Manuela Marwede	186
Kimberly Neumann	186
Marie Niemann	186
Gian Luca Piruzdad	187
Leoni Ratz	187
Anna-Malin Rienass	187
Johanna Scheithauer	187
Alina Seelkopf	188

Carola Steyer	188
Pascal Streich	188
Jessika Strüh	188
Maren Szymanski	189
Tim Szymanski	189
Charleen Titz	189
Judith Wenderoth	189
Nele Wilmsen	190
Lea-Marie Zenner	190
Fiona-Marleen Ziegler	190
Cindy Zschiesche	190

Autorenverzeichnis

Nachname	Vorname	Seite
Beckmann	Lara	37, 83, 115, 181
Blumberg	Leon	167, 181
Borowski	Manja	181
Brimm	Nicole	89, 117, 161, 181
Campbell	Ashley-Quiana	95
Dahl	Nina	23, 48, 88, 119, 181
Deicke	Virginia Liessamarie	144, 182
Di Domenico	Federica	84, 182
Dickmann	Sophie	71, 125, 165, 174, 182
Drachenberg	Elizaveta	84, 182
Fendler	Kari Lucia	52, 101, 183
Gumz	Ramona	49, 66, 85, 183
Gurr	Hailie Jade	19, 56, 183
Heidenreich	Céline	114, 127, 130
Heiser	Patricia	50, 81, 183
Igelbrink	Aileen	30, 53, 67, 99, 184
Kamke	Leonora	62, 184
Kathke	Jan	90, 174, 184
Korts	Simon	144, 155, 184
Kosakowski	Ida	29, 71, 92, 148, 185
Kühn	Celine	43, 185
Kunert	Florian	17, 27, 185
Kuper	Cordula	98, 110, 117, 124, 185
Mannion	Hannah	13, 30, 51, 66, 93, 126, 147, 186

Marwede	Manuela	21, 33, 108, 112, 122, 186
N. N.		42, 61, 80, 94, 100, 142, 146, 161
Neumann	Kimberly	22, 47, 75, 86, 121, 147, 156, 164, 178, 186
Niemann	Marie	25, 46, 186
Piruzdad	Gian Luca	129, 187
Ratz	Leoni	68, 150, 187
Rienass	Anna-Malin	112, 130, 187
Rienass	Janis	112
Roth	Tina	34
Scheithauer	Johanna	69, 187
Seelkopf	Alina	55, 68, 82, 187
Sewtschenko	Arina	76, 104, 136
Staszewski	Rico	26
Steyer	Carola	22, 61, 110, 188
Streich	Pascal	14, 149, 166, 188
Strüh	Jessika	31, 38, 72, 173, 188
Szymanski	Maren	132, 189
Szymanski	Tim	16, 53, 189
Titz	Charleen	39, 79, 111, 143, 154, 189
Wenderoth	Judith	73, 189
Wilmsen	Nele	107, 177, 190
Y.	E. S.	32, 74, 173
Yavsan	Elvan	139
Zenner	Lea-Marie	40, 190
Ziegler	Fiona-Marleen	65, 87, 123, 153, 190
Zschiesche	Cindy	70, 190